L'islam

Collection 25 questions

La collection 25 *questions* explore de façon contemporaine des sujets liés à l'univers religieux et à son expression dans le monde actuel.

Par son style et sa présentation, elle permet une compréhension rapide et facile des thèmes abordés, invite au renouvellement des connaissances et nourrit la quête de sens.

Elle rassemble des auteurs reconnus pour leur maîtrise du sujet et leur capacité de le présenter avec rigueur et simplicité.

Dans la même collection

Denis GAGNON, *La messe*, 2008.
INTERBIBLE, *La Bible, ancien testament*, 2008.
INTERBIBLE, *La Bible, nouveau testament*, 2008.
Pierre LÉGER, *La mort et l'au-delà*, 2008.
Micheline MILOT, *La laïcité*, 2008.
André TIPHANE et Pierre MURRAY, *Les prêtres*, 2008.
Charles WACKENHEIM, *Croire aujourd'hui*, 2008.

L'islam

Samia Amor

NOVALIS

L'islam est publié par Novalis.

Couverture : Audrey Wells

Mise en pages : Mardigrafe

© 2008 : Novalis, Éditions Novalis Inc., Montréal.

Dépôts légaux : 3e trimestre 2008
Bibliothèque nationale du Canada
Bibliothèque nationale du Québec

Novalis, 4475, rue Frontenac, Montréal (Québec),
H2H 2S2
C.P. 990, succursale Delorimier, Montréal (Québec),
H2H 2T1

Nous reconnaissons l'aide financière du gouvernement
du Canada par l'entremise du Programme d'aide au
développement de l'industrie de l'édition (PADIÉ)
pour nos activités d'édition.

ISBN : 978-2-89646-044-1

Imprimé au Canada

**Catalogage avant publication de Bibliothèque et
Archives nationales du Québec et Bibliothèque
et Archives Canada**

Amor, Samia

L'islam
(Collection 25 questions)
Comprend des réf. bibliogr.

ISBN : 978-2-89646-044-1

1. Islam — Miscellanées. 2. Islam et société civile —
Miscellanées. 3. Civilisation islamique — Miscellanées.
I. Titre. II. Collection.

BP161.3.A46 2008   297   C2008-941752-6

NOVALIS

Présentation

Comment entrer dans l'univers du Coran lorsqu'il n'y a ni clergé ni hiérarchie pour servir de guide ? Comment saisir un texte dont l'organisation désavoue toute chronologie, toute organisation thématique ou enchaînement narratif (hormis pour la sourate XII) ?

Pour les savants musulmans, la compréhension du texte sacré passe par l'interprétation. Pour certains, elle est unique. Et celle des premiers exégètes conserve son actualité au péril d'une rupture avec la réalité. Pour d'autres, l'interprétation est plutôt évolutive. Elle a le mérite d'assurer la pertinence de la portée universelle du message divin. Pourtant, les versets coraniques s'adressent à tout lecteur sous forme d'invitation personnelle à une lecture, à une réflexion et à une méditation. Autrement dit, ils sont une incitation à l'usage de la raison et du discernement pour comprendre les mots, le contexte, comparer et établir une concordance entre les parties du texte, sans nécessairement passer par un accompagnateur. Ils exigent seulement un effort individuel pour accéder à la voie tracée par la parole de Dieu à l'adresse de l'humanité entière.

Face à ces différentes approches de lecture, notre quête spirituelle nous a conduits à privilégier une clé de lecture thématique. Elle offre l'avantage de servir de fil d'Ariane pour suivre les concepts d'une sourate à une autre. Elle favorise surtout une lecture plus interactive que passive. Ce qui facilite alors l'intégration au réseau de dialogues relatant des récits et qui est au fondement de la conception du texte global.

Le présent travail en est le témoignage. Il n'a aucune prétention à disposer d'un caractère scientifique. Il n'émane ni d'une spécialiste des sciences religieuses ni d'une commentatrice des textes religieux. Il résulte de l'expérience d'une croyante qui accepte le Coran comme une guidance dans sa vie quotidienne.

Et aborder l'islam en 25 questions relève alors de la gageure dans un climat, quasi universel, indisposé par le fait musulman. Elle se fera à partir de trois angles. Le premier consiste à exposer de manière succincte les origines de l'islam et les principes qui sous-tendent la tradition religieuse (questions 1 à 12). Le second éclairage s'étend sur la dimension humaniste de l'islam (questions 13 à 17) et finalement, la dernière optique touche à l'altérité (questions 18 à 25).

I. Questions sur l'islam

A. *Son origine*

1. D'où vient l'islam ?

L'islam est né dans la barrière montagneuse du Hedjaz, au sud de l'actuelle Arabie Saoudite, au VIIᵉ siècle de l'ère chrétienne, dans un contexte de rapport de force externe et interne. Dans le voisinage, les empires sassanide (Perse) et byzantin (Rome) s'affrontent sans trêve. Par des manœuvres d'exacerbation des rivalités tribales frontalières, ils tentent d'inclure dans leur sillage une Arabie préislamique enclavée dans un désert protecteur.

Toutefois, à l'intérieur de la région, la paix est intermittente. Des tensions intertribales menacent une stabilité malmenée par une sédentarisation implicite. Le nomadisme coutumier cède du terrain.

Les principales oasis, La Mecque et Médine, deviennent deux grands relais caravaniers traversés par la voie commerciale reliant le Yémen (l'Arabie bienheureuse) au Croissant fertile (Syrie-Irak), une route marchande à portée de razzias tribales et à l'origine de vendettas. Pour la soustraire aux convoitises et la sécuriser, des alliances entre nomades et sédentaires sont conclues. Et cela, au bénéfice de l'émergence d'un espace culturel, linguistique (arabe, hébreu, araméen) et religieux (judaïsme, chrétienté, polythéisme et zoroastrisme) pluraliste et pacifique. Cette ambiance stimule l'art de la rhétorique sous la forme de la poésie satirique. Des joutes oratoires s'organisent pour vanter une tribu au détriment d'une autre.

Malgré ce climat de paix négociée, l'organisation sociale est de type tribal. Elle se compose de tribus, « unités à la fois économiques, sociales, politiques et militaires » structurées en plusieurs clans unis par une solidarité de sang rassemblée autour de la figure de l'ancêtre commun.

Toutefois, la sédentarisation progressive de la région fragilise cette organisation et la remplace par un système hiérarchique dominé par la richesse et au sommet duquel se trouvent des propriétaires d'immeubles, de cheptel, de maisons de jeux et de luxure. La possession de biens matériels sert désormais de référence pour l'octroi de privilèges et remplace les valeurs d'honneur, d'hospitalité, de courage et de respect des engagements, seuls critères de distinction entre les tribus et au sein de celles-ci.

L'opulence de cette classe se construit sur le dos d'une classe d'agriculteurs, d'éleveurs et de commerçants, contrainte de recourir à l'usage de l'usure et de l'hypothèque pour exercer ses activités économiques. Tout défaut de paiement transforme le débiteur en esclave. En conséquence, l'esclavagisme, quasi inexistant dans l'organisation sociale traditionnelle, se répand avec la nouvelle structure sociale et forme avec les nomades une classe surexploitée.

Dans une structure aussi disparate, le patriarcat et la patrilinéarité conditionnent la relation homme-femme. Ils favorisent la polygamie en raison de la pénurie d'époux due à la récurrence des conflits armés et à la pratique de la razzia (les femmes font partie du butin). Dès lors, le statut de la femme dépend de sa capacité à procréer des enfants mâles. Cela explique, d'une part, la répudiation de la femme stérile et la précarité financière dans laquelle elle se trouve, et, d'autre part, l'enterrement à la naissance des enfants de sexe féminin.

Au sein de ces disparités sociales vit le clan des *Banu Hisham*, famille du prophète[1], et

---

1 Habituellement l'évocation du prophète est toujours suivie de la formule : « Que la paix et la bénédiction de Dieu soit sur lui. »

qui appartient à la tribu de *Quoraïch*. Ce clan s'illustre par sa richesse, son pouvoir et, surtout, par une fonction spirituelle supplémentaire détenue par Abdul-allah, le grand-père du prophète. Il est à l'origine de l'initiative de la construction du puits de *Zamzam*, qui occupe une place centrale dans le récit religieux évoquant le patriarche Abraham et l'installation de Haggar et d'Ismaël en Arabie.

Combien même les indices du monothéisme se retrouvent, dans cette région, grâce à la présence de tribus juives et de tribus chrétiennes, le polythéisme ou plutôt l'hénothéisme (chaque tribu dispose d'une divinité) sévit en Arabie. Et le clan de naissance du prophète joue un rôle déterminant dans cette forme religieuse. Il détient la fonction de gardien de la *Ka'ba*, sanctuaire des divinités préislamiques, et se charge de l'organisation du pèlerinage polythéiste. Cet événement est fortement prisé par les tribus voisines, parce qu'il se déroule au cours d'une période décrétée comme sacrée. Les guerres et razzias y sont interdites.

L'islam se révèle donc dans une conjoncture de guerre externe, de mutation sociale marquée par des privilèges, une paupérisation extrême, une pratique systémique de l'usure, de l'injustice et un hénothéisme majoritaire. Il commence par dénoncer, dans la langue et la forme prisée par la société de l'époque, c'est-à-dire en poésie, les passe-droits et l'indigence comme résultat.

Il dispense un message dont le contenu est relié aux conditions sociales existantes et prône la solidarité fraternelle, la justice sociale. Il revendique surtout le respect du culte pur du patriarche du monothéisme (Abraham). Très tôt, il apparaît comme une menace à l'ordre établi par les nantis qui réagissent violemment.

2. Quels en sont les principaux fondements et pratiques?

De manière succincte, les fondements et pratiques en islam se regroupent autour de trois termes consubstantiels qui fondent un système de croyance et d'organisation sociale : *islam* (au sens de monothéisme pur), *iman* (foi) et *ihsan* (bienséance envers autrui).

Certes, la signification du mot *islam* est notoirement reliée à celle de paix. Mais il réfère surtout au credo islamique du monothéisme pur dénommé *tawhid*, c'est-à-dire la croyance en l'unicité et en l'unité de Dieu sans autre association. Concrètement, il se traduit par l'admission de l'existence d'un législateur suprême et de la mise en place d'un ensemble de règles touchant au mode de vie du croyant comme le rappel au quotidien de la présence divine, l'application de la justice, l'usage de la mesure dans les propos, les gestes et la pensée, la bienséance et la générosité dans les interactions sociales.

En conséquence, le monothéisme oriente la vision du monde, le rapport à autrui et à la nature. Il forme l'axe autour duquel gravite la compréhension de la temporalité du croyant. Il lui permet de définir, à partir de cette unicité, sa position dans la diversité environnante.

Ce théocentrisme s'accompagne alors de ce que les théologiens classiques identifient de six piliers de la foi. Ils consistent à croire en Dieu, en son prophète Mohamed et en ceux qui l'ont précédé (Noé, Abraham, Moïse, Jésus), aux livres antérieurs au Coran (Bible, Évangile, Psaumes), aux Anges et au jugement dernier. Ces références touchent l'intériorité du croyant et sa finitude humaine.

Elles commandent également une façon de vivre cette foi et de la mettre à l'épreuve au quotidien dans une praxis réitérative clairement définie (prière, *zakat*, jeûne et pèlerinage) et dans des pratiques identificatoires reliées au mariage, aux interdits, aux funérailles, et dans la relation de bienséance avec autrui.

À partir de ces trois notions d'*islam*, d'*iman* et d'*ihsan*, la tradition islamique est, à l'instar des autres traditions, tournée vers le salut. Elle accorde donc à la dimension eschatologique une importance particulière. La rencontre avec Dieu pose la limite de l'action humaine. Tout n'est pas permis. Elle forge les assises de l'éthique musulmane gouvernée par un principe cardinal : la responsabilité vis-à-vis de soi, d'autrui et de la nature. Car l'obligation à la charge du musulman est « d'être bon », « d'ordonner ce qui est convenable et d'interdire ce qui est blâmable » (XXII/41) [2]. Une telle posture mentale commande une maîtrise de soi (*djihad an-nafs*) indispensable à la concordance des trois types de relations dans lesquelles s'implique tout croyant, c'est-à-dire la relation avec Dieu, avec lui-même et avec autrui.

À titre d'exemples, la relation transcendantale renferme des valeurs d'amour envers Dieu qui se traduisent par un témoignage de sa conviction religieuse à travers l'adoption d'une conduite de bienséance vis-à-vis d'autrui. Pour cela, le croyant dispose, malgré la croyance commune contraire, d'un libre arbitre et d'une liberté de conscience (II/256 ; V/92 ; X/99 ; LXXXVIII/21-24 ; CIX). Les versets coraniques posent, entre autres, sur le croyant une exigence de dis-

---

2 Les citations coraniques mentionnent en chiffres romains la sourate et en chiffres arabes le verset concerné.

cernement et de justice (IV/19-21 ; IV/135), de droit à la résistance (VIII/60), de cohérence (LXI/2-3), de patience (II/153), de pardon (II/237), d'humilité (XVII/37), de respect de la vie et du bien d'autrui (XXXIII/33-34), de ses parents (VII/24-30 ; XVII/22-24), et de tous les commandements inscrits sur les tables confiées à Moïse. Dès lors, la relation avec autrui comporte une reconnaissance de son droit à la différence tout en se basant sur des principes d'égalité de tous et de respect de l'humanité (XVIII/46), de dialogue et d'attention (II/83 ; XIV/24-26), de convivialité (XLIX/13), et de solidarité et de justice sociale (II/177 ; II/261 ; II/271-272).

Parler des fondements de l'islam conduit à souligner le décalage de la réalité islamique embourbée dans une carence en éducation, une absence de communication et une logique de confrontation. En conséquence, la mentalité et le comportement de certains musulmans sont en porte-à-faux avec la spiritualité du message prophétique qui contient une croyance en l'unicité divine et un ensemble de référents de comportement valables sans considération du temps ou de l'espace. Or, ils s'attardent plus à la forme qu'à l'essence religieuse. Il est donc urgent de revenir à celle-ci et de transcender les clivages dogmatiques et les enveloppes coutumières porteuses de confusion, d'amalgame et de discrédit.

3. Quelle est la place du prophète dans l'islam ?

La représentation littéraire, médiatique ou journalistique peu informée de la tradition islamique construit l'image du prophète à partir de deux aspects : sa vie amoureuse scrutée à satiété et la dimension belligérante de son action. Et comparé à Jésus, il est perçu comme le messager de la haine plutôt que le prophète de l'amour.

Pourtant, dans la tradition islamique, Mohamed est certes un homme, mais il est surtout un modèle d'homme qui est parvenu à établir un équilibre entre spiritualité et temporalité.

Tout comme Abraham, Moïse et Jésus[3], il est porteur d'une prophétie monothéiste. Sa particularité tient au fait qu'il en clôture le cycle en tant que « sceau des prophètes » (XXXIII/40). À ce titre, il livre l'ultime message adressé par Dieu à l'humanité à travers une double fonction, celle d'annonciateur de

_____

3 Dans la tradition musulmane, le nom de l'un de ces prophètes est suivi de la formule : « Que la paix soit sur lui. »

bonnes nouvelles et celle d'avertisseur en cas de transgression (V/19).

Sa spiritualité s'inspire de la pratique du culte pur initié par Abraham, celui de l'amour de Dieu l'Unique et de s'en approcher en aimant les autres êtres humains. D'ailleurs, il a été « envoyé en tant que miséricorde pour l'univers » (XXI/107). Autrement dit, il exhorte la concorde et repousse l'injustice.

La réputation du prophète en tant que modèle humain remonte déjà à la période antérieure à l'islam. Il est d'abord reconnu pour la confiance qu'il inspire. Par la suite, les versets coraniques le décrivent comme une lumière (V/15) et un être « d'excellente moralité » (LXVIII/4).

Le témoignage de ses proches, épouses ou compagnons, trace de lui le portrait d'un être sociable qui se distingue par une éloquence concise, une indulgence, une écoute et une attention qui le pousse jusqu'à participer aux tâches domestiques (couture, traite de brebis, lessive). À cet égard, il revêt les traits du compagnon idéal recherché par toute femme contemporaine déchirée entre la volonté de s'accomplir à travers une profession et celle de fonder une vie familiale.

D'ailleurs, son rapport aux femmes est souvent commenté de manière péjorative. Une mise en contexte pourra révéler que le message prophétique a bouleversé les mœurs de l'époque. À l'inféodation des femmes et au déni de leurs droits, il apporte un affranchissement et une protection juridique. La femme, qu'elle soit mère, sœur, femme ou fille, dispose désormais de droits (II/228 ; II/241 ; IV/7). Et dans le cas particulier de la polygamie, le message prophétique est en soi une réforme sociale tant sur le plan quantitatif (quatre plutôt qu'une infinité), que qualitatif (interdiction suivant la proximité du lien consanguin ou de lait).

À l'opposé du consensus, et de tous bords, la polygamie est loin d'être une pratique encouragée. Au contraire, le texte coranique la soumet à une condition souvent occultée : celle de répondre à une éthique religieuse basée sur l'équité (IV/3). Quel croyant peut prétendre l'être sur le plan affectif ?

La notion de la polygamie est souvent associée au prophète sous forme de reproche. Pourquoi avoir épousé autant de femmes et pourquoi une enfant, en ce qui concerne Aïcha, sa dernière épouse? Ce sont des questions posées par un regard contemporain sur un contexte historique. Ensuite, nous pensons qu'au-delà du nombre, il faudrait s'attarder au statut de la femme. Ce qui laisse voir qu'indépendamment des traditions sociales, le lien matrimonial se forme aussi bien avec une femme divorcée, veuve, célibataire, qu'avec une femme âgée ou jeune, et qu'il est circonscrit à une seule femme eu égard à la condition d'équité affective. Finalement, en ce qui concerne sa jeune épouse, un lien peut être établi entre sa jeunesse et son rôle dans la transmission du message après le décès du prophète. Aïcha a souvent apporté des correctifs quant aux propos attribués à tort au prophète.

En ce qui concerne le rapport du prophète à l'altérité, cet aspect est notoirement représenté par une conduite offensive contre les tribus voisines de La Mecque, sans mentionner le droit de défense qui la sous-tend. Par ailleurs, l'altérité pratiquée par le prophète s'articule autour de deux principes, l'égalité de tous les êtres et la quête de la connaissance.

D'une part, l'égalité est prônée pour mettre un terme à l'esprit de clan et aux privilèges fondés sur la richesse. Avant même l'avènement des droits humains, le prophète bannissait la discrimination fondée sur le sexe, la couleur, le niveau économique ou éducatif, la religion ou la « race », puisque l'essence humaine est unique (Adam). Toute différence relève de l'ordre de la piété envers Dieu (XLIX/13). Et celle-ci revêt la forme d'une compétition humaine et d'un encouragement mutuel dans la pratique du bien et de la justice et non dans l'accumulation des richesses et la diffusion de l'injustice.

D'autre part, le prophète analphabète fait du savoir un objectif de vie. Il faut le rechercher « depuis le berceau jusqu'au tombeau », même s'il fallait « se déplacer jusqu'en Chine ». Autrement dit, le confort intellectuel et l'autosatisfaction sont bousculés par un effort constant et quotidien de réflexion nourrie par une connaissance renouvelée. Dans cet esprit, le prophète préconise même une méthode éducative révolutionnaire dans le contexte de l'époque qui requiert l'implication des parents et la pratique du sport. Ainsi, et à partir de la règle des trois cycles de sept ans, les parents sont successivement partenaires de jeux (créativité et apprentissage des règles sociales), éducateurs (mentor) et amis (égalité de la relation) de leurs enfants. Des enfants qui, dès leur jeune âge, pratiquent autant la natation et l'équitation que les jeux d'adresse.

De manière générale, le prophète a répandu un message dans lequel l'organisation conjugale, familiale et sociale islamique utilise l'instrument de la délibération qui n'a rien à envier à la démocratie en tant que forme de délibération.

Bien entendu, la réalité dans les sociétés musulmanes est loin de ce modèle proposé par les textes sacrés, lorsqu'elle ne le contredit pas tout simplement. De plus, le comportement médiatisé de certains musulmans se rattache surtout à une imitation extérieure de la tenue vestimentaire ou de l'apparence physique. Il est temps que les musulmans (re)découvrent un modèle de conduite qui s'est d'abord distingué par ses qualités spirituelles et morales.

4. Quelle est la place du Coran dans l'islam?

Parler du Coran, c'est s'attarder sur la signification du mot, sur la forme qu'il prend et sur le message qu'il renferme. Et en arabe, il désigne la lecture. Le premier mot révélé est une injonction à la lecture : « Lis » (XCVI/1-5). Or, pour parler de l'islam en tant que tradition de foi, l'impératif de lecture est souvent occulté en faveur de l'accent mis sur l'oralité, c'est-à-dire une récitation psalmodiée sans compréhension. Mais un détour historique souligne l'importance du commandement à la lecture et confère au Coran, en tant que livre, une double originalité.

D'une part, il est considéré par l'ensemble des musulmans comme la parole de Dieu exprimée par la bouche de son prophète en tant qu'unique transmetteur. Aucun ajout n'est apporté par les compagnons de ce dernier (Abu Bakr, Omar, Othman et Ali). Dès l'avènement de la nouvelle religion, le livre acquiert pour les croyants le statut de source fondamentale. À cette spécificité s'ajoute, d'autre part, la pratique répandue d'une mémorisation de la parole révélée et sa consignation immédiate sur (tradition du prophète), autre so

dique fondamentale.

En effet, un scepticisme e

cité de la transmissio

(*hadiths*) du proph

femmes. Contr

n'a pas fait l'

position

mépr

...cation en taille dé-
croissante et dans la langue arabe de révélation, soit le dialecte de La Mecque
(XXVI/195).

La réforme du dialecte adopté survient au
IXe siècle avec l'introduction des voyelles et
des consonnes diacritiques. Par conséquent, le texte coranique est marqué par
une proximité dans le temps entre la transmission du message prophétique par
l'Archange Gabriel et sa translittération.
Dès lors, la polémique autour de la question scripturaire du Coran est moins développée que celle qui entoure la *Sunna*

urce juri-

...ntoure l'authenti-
...n de certains propos
...ète, notamment sur les
...airement au Coran, la *Sunna*
...objet de conservation, sur op-
... du prophète, afin d'éviter toute
...ise entre la parole divine et la parole
...umaine.

En tant que livre sacré, le Coran indique la voie qui donne sens et conscience à la relation entre l'être humain créé et son Créateur. Certes, celle-ci est d'abord appréhendée dans sa verticalité, mais elle s'insère surtout dans une horizontalité, la réalité temporelle composée de signes et perçue comme un tout. Toutes les dimensions de celle-ci sont en interactions les unes avec les autres à partir de la relation avec le divin. Elles se situent dans une unité complémentaire et insécable avec lui. Elles ne sont ni parcellaires, ni autonomes, ni exclusives. En ce sens, le Coran constitue l'assise de l'identité spirituelle du croyant toujours en dialogue avec Dieu et son environnement.

Mais cette logique est déjà présente dans les autres traditions de foi dont le Coran n'est qu'un rappel. Celui-ci prend la forme de récits antérieurs constellés dans divers chapitres qui portent le message transmis aux précédents prophètes, en l'occurrence, revenir à la pratique du culte pur.

Toutefois, sans être dans le prolongement de l'Évangile comme celui-ci se trouve par rapport à la Torah, le Coran commande leur reconnaissance en raison de leur racine commune, qui se trouve dans le Livre céleste (*la Mère des livres*). L'articulation entre les trois textes sacrés explique alors la pérennité du message qui s'inscrit dans une relativité temporelle évoluant sur un axe défini en amont par le début de la Création et en aval par le Jour du Jugement dernier qui assure le retour vers le Créateur.

Mais le Coran n'est pas que récit. Il contient également deux catégories de normes, celles qui touchent au culte de Dieu sous forme de rites clairement définis, et celles qui concernent le rapport entre l'être humain et son action sociale, et ce, à partir de situations circonstanciées.

De l'ensemble normatif et dans une lecture de recomposition, intertextuelle et contextuelle plutôt que littéraliste, tout croyant doué de raison peut extraire les principes intemporels d'un vivre-ensemble pacifique.

5. Existe-t-il différents courants dans l'islam?

Contrairement à une croyance répandue, l'islam connaît un pluralisme religieux interne. La diversité est apparue très tôt après la mort du prophète. En l'absence d'un héritier spirituel et d'une désignation expresse, la question de la succession s'est ouverte.

Les musulmans de la première heure se divisent en partisans de l'élection d'un calife reconnu pour ses compétences et en partisans d'une désignation par succession. Malgré le choix porté sur Abu Bakr, premier calife, et l'adoption ultérieure d'un système de désignation par le prédécesseur, la nomination du quatrième calife, Ali, ouvre la voie à la contestation, voire au schisme à deux périodes.

En premier, les concessions qu'il a faites à la tribu de Muwayya soulèvent la colère d'un groupe de sécessionnistes (*kharijites*) qui se forme en opposition. Plus tard, l'assassinat d'Ali donne l'occasion de consommer le grand schisme avec l'émergence du parti *shiite*.

Dès le VIIe siècle apr. J.-C., la communauté islamique est divisée en trois branches (*sunnite, kharijite* et *shiite*), puis en deux (*sunnite et shiite*). Le motif de divergence tire son origine d'une question plus politique que théologique. De manière générale, chacune des deux grandes branches actuelles expose des caractéristiques propres de gouvernance.

Ainsi, dans le *sunnisme*, le spirituel et le temporel sont centralisés entre les mains d'un même chef, le calife, qui s'appuie sur le Coran et la tradition du prophète. D'ailleurs, l'alliance politico-religieuse a permis aux premiers califes de transformer le califat en une monarchie militaire portée par les dynasties des Omeyyades de Damas, des Abbassides de Bagdad, des Mongols de Perse et des Ottomans de Turquie.

Cette branche favorise également l'usage du raisonnement juridique comme le consensus et l'analogie. Par contre, elle n'accorde place ni au cérémonial ni au ministère, même si l'histoire démontre que la création d'une élite formée par les oulémas et les cheikhs constitue en soi, un clergé informel.

Le *sunnisme* se démarque par une législation rigide et une dogmatique instaurée par quatre écoles : malékite, shaféite, hanéfite et hanbalite. De cette dernière approche doctrinale s'inspire le *Wahhabisme* et le *Salafisme*, qui favorisent une lecture littéraliste du Coran. Toutefois, les différends entre les écoles sont tempérés par les jurisconsultes qui tranchent sous forme de décision (*fatwa*).

Dans une optique différente, la branche *shiite* applique la séparation entre le spirituel et le temporel et confère la direction de la communauté musulmane à l'imam. Ce dernier devra appartenir à la maison du prophète. La conception de l'imamat apparaît comme une sorte d'alternative à la clôture du cycle de prophétie annoncée par le prophète Mohamed. Et la transition serait assurée par Ali. Elle sera ensuite confiée à un de ses descendants comme une preuve de Dieu (*Hujat Allah*) sur terre, et ce, jusqu'au onzième de ses descendants. Le douzième est occulté. Il personnifie le Messie attendu ou le Mahdi.

Cette tendance messianique dans le *shiisme* a pris naissance lors de la contestation des premiers califes orthodoxes considérés comme usurpateurs. Dans l'intervalle, et en attente d'un gouvernement légitimement fondé par la venue du Messie, une catégorie d'imams (*ayatollah*) joue le rôle de tuteurs de l'action des gouvernants. Ils sont choisis en fonction de leur pouvoir temporel, spirituel et charismatique, et sont gardiens du sens caché de la révélation. Dès lors, leur position vis-à-vis de la *sunna* est claire. Ils ne retiennent que les *hadiths* établis par les gens de la famille du prophète. Tout autre propos rapporté est contesté et contestable.

Ils privilégient l'effort intellectuel de l'être humain sous forme de raisonnement déductif et le culte du martyre comme lutte symbolique contre l'injustice.

La branche *shiite* se subdivise en plusieurs sous-branches : le *shiisme* duodécimain (reconnaissance de douze imams), le *shiisme* septimain (reconnaissance de sept imams) et les *zaydites* (reconnaissance de cinq imams).

De manière contemporaine, un regain d'intérêt est porté pour le *soufisme*, dimension mystique de l'islam. En fait, cette branche est au cœur de l'islam par sa quête de l'amour de Dieu dans une pratique du détachement de l'ego.

Dans une propension similaire, une voix féministe se fait entendre et apporte sa contribution à la diversité de l'islam. Elle revendique une relecture des textes sacrés à la lumière des sources et dans un regard féministe.

Ces diverses perceptions démontrent la présence de différentes interprétations d'un même texte, ce qui s'écarte de l'idée d'une interprétation unique et générale.

6. Imam, mollah, ayatollah : quels rôles ont-ils dans l'islam ?

Le rôle de chacun des personnages cités conduit à explorer, même brièvement, l'histoire politique de l'islam. Celle-ci nous introduit aux modèles d'organisation politique, sociale et spirituelle de la communauté islamique émergente et au schisme ultérieur lié à la succession du prophète.

Cet événement fait paraître une double tension autour de l'origine médinoise ou mekkoise du successeur et autour de la gestion de la cité sous forme de califat ou d'imamat. Il se traduit, quelques décennies plus tard, par une division de l'islam en branches sunnite et *shiite*. C'est la « grande *fitna* » (grande scission).

Ainsi, la vacance de pouvoir consécutive à la disparition brutale du prophète ainsi que l'absence d'héritier et de successeur désigné forment des signes d'une inéluctable division au sein de la « communauté-État » balbutiante. Cette dernière hésite alors sur la façon de choisir son chef, suivant le critère de l'appartenance à la famille du prophète ou celui de la personne charismatique.

Dans un consensus temporaire absorbé par un mouvement abjuratoire provenant des tribus bédouines et un autre insurrectionnel contre l'imposition de l'impôt purificateur, l'option pour le califat prédomine, avec la désignation du premier calife (Abu Bakr). Pour éviter toute contestation ultérieure qui menacerait la stabilité de la communauté islamique, ce premier chef charismatique s'empresse de désigner le second calife (Omar) par cooptation légitimée par le consentement (pacte d'allégeance) de la communauté islamique.

Le même procédé est adopté pour la nomination le troisième calife (Othman). Mais l'assassinat de ce dernier ravive la pression pour la nomination d'un chef spirituel et politique issu de la parenté du prophète. C'est ainsi que le quatrième calife (Ali) se trouve être le cousin et gendre du prophète. Mais la tension latente entre les différentes tendances de gouvernement se manifeste par une dissidence qui mène à l'assassinat de ce proche du prophète.

Les partisans d'Ali, ou *shiites*, envisagent l'organisation de la communauté islamique selon ce qui sera identifié comme la théorie de l'imamat, c'est-à-dire que l'imam jouit, en tant que membre de la famille du prophète, d'une connaissance approfondie du sens ésotérique du Coran consubstantiel à son sens exotérique. Pour y parvenir, il est alors nécessaire, voire indispensable, d'acquérir une compréhension des circonstances de la révélation du message prophétique, de la langue de révélation et de l'interprétation des allégories auxquelles elle réfère.

Dès lors, à défaut de détenir la prophétie, l'imam est inspiré divinement (gnose) et s'impose comme un guide spirituel. Il puise dans le message prophétique pour assurer la cohésion sociale, asseoir un contrôle sur le comportement des personnes et légitimer son rôle d'intercesseur auprès de Dieu.

La théorie de l'imamat se finalise progressivement. Elle institue la gouvernance successive jusqu'au douzième imam (*shiisme* duodécimain) et un système de clergé à la tête duquel se trouve le seigneur (*mollah*) désigné à partir du groupe des *Hujatollah* ou de celui des *Ayatollahs* suivant l'étendue géographique de l'exercice de son pouvoir.

Mais ce *shiisme* duodécimain s'est singularisé, sous l'autorité du sixième imam, par une incurie politique des imams et une inefficacité eschatologique de leur influence. Une situation qui a rapidement alimenté deux idées : celle de la disparition de l'imam idéal et celle du culte du martyre.

De là s'est développée la dimension messianique reliée à cet imam caché. Elle a d'ailleurs provoqué une scission au sein du *shiisme* duodécimain : la séparation entre le spirituel et le politique, l'apparition du *zaïdisme* (reconnaissance de cinq imams charismatiques et rejet de l'imam caché) et le *shiisme* is-maélien ou septimain (reconnaissance de sept imams appartenant à la famille du prophète).

Désormais, l'imam se détache de toute temporalité. Il cède le pouvoir politique qu'il transcende tout en entretenant, avec lui, une certaine proximité. L'imam assure alors une fonction spirituelle.

Dans une autre perspective, les *sunnites*, partisans de l'application de la sunna, se montrent plus favorables à la théorie du califat, c'est-à-dire à la désignation d'un chef politique, militaire et spirituel, légitimée par le consentement de la communauté islamique. Un tel système a fonctionné jusqu'à sa transformation en monarchie héréditaire et sa chute au début du XIXe siècle.

Dans ce type d'organisation politique et sociale, l'imam est celui qui est pressenti pour diriger la prière. En raison de ses connaissances théologiques et juridiques, il est habilité à dispenser le prêche du vendredi. Mais à l'inverse de l'imam *shiite*, il ne détient aucun pouvoir spirituel. Bien plus, dans les pays déclarés sunnites, sa fonction relève de la fonction publique et du ministère des

Affaires religieuses. En conséquence, le politique domine le religieux.

Depuis quelques décennies, et notamment dans les sociétés occidentales, terres d'accueil de communautés musulmanes, on assiste à l'émergence du phénomène de l'imam autoproclamé. Bien que ce dernier ne représente que lui-même, la tendance générale est celle de vouloir le transformer en instance représentative.

Devant une telle éventualité, c'est-à-dire la création d'une institution islamique, les communautés musulmanes concernées devraient inclure dans une réflexion à mener la pertinence d'une telle instance et anticiper sur son implication dans la formation ou la désignation des imams. Cela permettrait d'éviter les prises de position personnelles sous couvert d'une prétendue représentativité.

B. Ses pratiques et rituels

7. Qu'est-ce que la foi pour le croyant si on ne représente pas Dieu ?

Parler de la foi en tant que croyante, c'est mettre en lien une antériorité et une intériorité. Une antériorité située dans la prééternité et dans laquelle la descendance d'Adam, considéré comme le prototype de la communauté humaine, a conclu avec son Créateur le pacte originel de reconnaissance d'une transcendance unique. Quant à l'intériorité, elle se traduit par la notion de piété et réfère à la responsabilité individuelle du comportement spirituel et social dans la perspective de salut et de destinée finale.

La rencontre de l'un et de l'autre état, c'est-à-dire la foi et la piété, conduit à une libération de toute aliénation temporelle pour se livrer à une quête spirituelle et trouver l'indicible au regard. Elle ouvre alors l'accès à un mode de vie en concordance avec sa conscience.

Dans le Coran (II/172 ; XXX/30), la foi réfère à une disposition naturelle à l'acceptation du divin. Elle correspond à une aspiration naturelle ou à une pulsion à croire qui est inscrite dans le cœur de chaque individu comme une empreinte du

Créateur en guise de rappel à son souvenir. D'ailleurs, l'évocation de la transcendance se révèle spontanément face à une situation de danger.

À notre avis, la foi consiste en une disponibilité ou en une réticence du cœur et de l'esprit à la spiritualité. Cela donne sens et contenu à l'exercice de la liberté de croyance (XVIII/29), car l'être humain a été créé dans une dualité qui ouvre l'espace à l'autonomie de la volonté.

Dans le cas d'une propension à la croyance en éveil, elle déclenche l'éclosion du substrat même du credo islamique de l'unicité de Dieu. Et celui-ci s'exprime, pour un croyant, en la reconnaissance du statut de divinité au seul Créateur. Il signifie aussi une adhésion au monisme opposé à tout associationnisme (*shirk*), quelle que soit sa forme. Il est enfin la confirmation d'une appartenance à la communauté unique (*umma*) des croyants, c'est-à-dire de ceux qui, conscients du lien intime qui les rattache à Dieu, font acte de confiance envers lui.

En conséquence, la synergie de l'inclination naturelle à la croyance en une divinité unique suscite, chez le croyant, une intériorité caractérisée par la piété. Celle-ci se manifeste par l'application d'une éthique construite à partir des préceptes qui guident le culte (prière, *zakat*, pèlerinage, jeûne) et les relations humaines de proximité (parents, conjoints, enfants, orphelins, voisins) ou de passage (voyageurs, démunis). Un ensemble de valeurs accomplies dans une intention primordiale, celle de se rapprocher du Créateur.

Par contre, dans le cas où l'instinct originel de croyance est occulté, ignoré ou même oublié, l'amnésie spirituelle prend place. Elle engendre un attachement excessif aux choses triviales dont l'acquisition et l'accumulation deviennent une finalité en soi. De manière consciente ou inconsciente, l'objectif du pacte originel de reconnaissance de l'unique divin cède la place à l'associationnisme implicite. Cette inversion se traduit souvent par des comportements extrêmes aux lourdes conséquences, comme la conquête de la nature au péril de l'humanité.

Faut-il alors en déduire que la foi envers Dieu a besoin d'une matérialité pour émerger, se développer, se renforcer et éviter la déviation de l'essence de la croyance ? Il nous semble qu'en raison même du pacte originel d'acceptation du divin, toute représentation iconographique ou anthropo-morphique porte le risque de substituer au principe de l'unicité transcendantale une posture d'idolâtrie. Et même si le Coran ne bannit pas l'image, l'interdiction doctrinale répondrait au souci de laisser à chaque croyant la liberté d'appréhender le divin à partir des signes répandus dans l'univers.

Par ailleurs, le fait de matérialiser le divin à partir d'une illustration n'est-il pas une façon de réconforter le doute qui est dans le cœur de chacun? Là encore, il nous pa-raît que la foi n'ait nul besoin d'un ratta-chement à une forme particulière pour exister. Elle présume une prise de conscience à partir d'une méditation. Elle débute alors par une relation personnelle qui interroge sur le comportement quoti-dien en lien avec le souvenir entretenu du divin. Elle cherche à éviter son oubli et sa négligence lors de la relation avec les au-tres êtres humains. La foi motive alors les actions et donne sens à la vie et à la fini-tude de l'humain.

8. Pourquoi ces rites entourant la prière : ablution, tapis, orientation, etc.?

La prière est le deuxième pilier de la pratique religieuse. Elle s'exécute individuellement ou en groupe, chez soi ou dans la mosquée, cinq fois dans la journée : avant l'aube, à midi, dans l'après-midi, avant le crépuscule et à la tombée de la nuit. Cela n'empêche pas d'effectuer une prière surérogatoire à un autre moment de la journée ou de la nuit.

La précision de ces moments requiert une ponctualité perçue comme contraignante. Or, un tel découpage induit une autodiscipline et une gestion du temps qui écartent l'idée répandue d'une automaticité du rite. Loin d'être un simple exercice physique axé sur la génuflexion ou une ritualité dénuée de sens, la prière renferme une spiritualité profonde. Elle consiste en un moment privilégié de dialogue avec soi et avec Dieu structuré selon des exigences qui sont à la fois imperceptibles et perceptibles.

Ainsi, c'est dans une totale discrétion que se déroule le double dialogue inhérent à la prière. Il se manifeste essentiellement par un état d'esprit qui commande un recentrement sur Dieu et une mise à l'écart de tout ego. Cela se réalise préalablement par des conditions externes comme l'hygiène, la tenue vestimentaire, la sacralité de l'espace et l'orientation de la prière.

En ce qui concerne la posture mentale requise pour la prière, elle s'opère à travers la concentration qui récuse toute distraction. Elle établit une distanciation entre l'être humain et son mode de vie. Entrer en prière marque alors un arrêt, un répit, l'espace de l'intervalle de prière, dans son agir individuel et social, vis-à-vis de ses émotions. L'objectif étant alors de se mettre dans une attitude de spiritualité soutenue par la lecture des sourates (seule la *fatiha*, la sourate d'ouverture du Coran composée de sept versets, est obligatoire : les autres relèvent de la liberté du priant) et les invocations. Ce qui, dans un total recueillement, apporte apaisement et espoir. Dès lors, l'organisation séquentielle de la prière quotidienne constitue un rappel de Dieu et une réflexion sur son mode de vie. Elle procure alors une opportunité pour une remise en cause de son comportement, voire d'une réforme de soi. Toutefois, pour atteindre cet état, le rendez-vous quotidien avec Dieu nécessite des conditions externes.

Tout d'abord, comme pour toute relation d'intimité et de surcroît pour celle qui s'établit avec Dieu, un minimum d'hygiène est requis. Alors que dans l'interaction humaine les règles sont imposées socialement selon l'étiquette du groupe dominant, dans la relation avec le Transcendant, les modalités d'ablutions sont déterminées par Lui (V/6). Les conditions d'hygiène (majeures ou mineures) sont donc une préparation à la rencontre, qui s'accompagne d'une tenue vestimentaire définie par la *Sunna* du prophète et répondant à un principe fondamental en islam, celui de la pudeur. Cette condition s'applique autant à l'homme qu'à la femme. Cependant, l'habit spécifique à la femme serait, à notre avis, fortement inspiré par les traditions de foi antérieures (notamment pour ce qui est du port du voile) et par la mode de l'époque. Il n'en demeure pas moins que la décence reste la norme.

Par ailleurs, l'observation de la prière requiert un espace, qui peut être aussi bien un endroit chez soi, à la mosquée ou partout ailleurs, pourvu qu'il soit propre. Là également, la sacralité de l'endroit n'est pas circonscrite, puisque la terre entière est considérée comme un espace sacré, une mosquée. Mais l'usage familier est celui d'effectuer sa prière sur un tapis ou une autre pièce d'étoffe. Cette pratique répondait, à l'époque du prophète, au souci d'éviter tout contact brûlant avec le sable lors de la prosternation. La pratique s'est perpétuée pour mieux délimiter l'espace de prière. De manière générale, quel que soit l'endroit où elle se fait, la prière est orientée vers une direction définie (*Qibla*) par un lieu précis, la Mosquée de La Mecque. Cette place représente le point de ralliement de l'ensemble des musulmans, quel que soit l'endroit où ils se trouvent.

Au-delà de ces conditions, la finalité de la prière convie à une perpétuelle réforme de l'esprit et à une quête de sens indispensable dans un monde qui en est dépourvu. Et pour ceux qui parviennent à s'élever spirituellement dans l'Absolu divin, la prière conduit à un affranchissement de toute contingence terrestre. Elle se prolonge dans une façon d'être au quotidien qui concilie un ressenti de la présence de Dieu, qui « est plus proche [du croyant] que sa veine jugulaire », et un agir en harmonie avec ses semblables.

9. Quel est le sens de la charité *(zakat)*?

Communément, la *zakat* est traduite par la notion de charité. Or, la charité correspond à un terme particulier, la *sadaqa*. Acte volontaire, cette dernière fait appel à des sentiments de bonté en donnant de son temps et de ses biens. Par contre, la *zakat*, en tant que troisième pilier dans l'orthodoxie islamique, est une obligation sacrée. Elle contient un sens de purification acquise à travers différentes étapes. La première débute par une reconversion de l'âme (XCI/7-10), en l'épurant de toute concupiscence ou avarice (LIX/9) et en l'instruisant à la générosité. Ensuite, à la place de la thésaurisation (LIX/9 ; IX/34-35), les croyants participent au transfert et à la redistribution des biens acquis (IX/103) et, finalement, à l'instauration d'une justice sociale en tant qu'objectif commun.

En fait, la *zakat* transmet le message du partage de l'acquisition et de la circulation des biens. Elle se situe pleinement dans la relation entre les individus dans un espace social donné, mais en référence à une transcendance. C'est pourquoi elle relève plus d'une obligation religieuse (II/43 ; LVII/7) comprenant une dimension sociale de solidarité que d'une libéralité individuelle.

Elle forme le droit de certains ayants droit (IX/60) sur les biens détenus par les riches. Des bénéficiaires sont clairement identifiés, comme les déshérités (les pauvres, les indigents), le percepteur de la *zakat*, les nouveaux convertis, la personne insolvable, le voyageur en difficulté. Elle sert aussi à affranchir un esclave et à accomplir une action dans la voie de Dieu (frais funéraires d'une personne, frais de pèlerinage, etc.). Elle vise alors à couvrir les droits élémentaires, entre autres ceux liés à l'acquisition d'une vie digne ou au logement.

Mais la *zakat* répond à une exigence précise. Elle porte sur l'excédent des biens possédés au cours de l'année échue (II/219) et qui sont susceptibles de créer des profits (monnaie, métaux, bétail, produits agricoles, marchandises). Le montant est alors déterminé par les autorités religieuses sous la forme d'un pourcentage de l'équivalence en monnaie de l'assiette imposable. Sa distribution est volontaire ou confiée aux autorités religieuses et à des associations caritatives.

La *zakat* est entourée d'une éthique en lien avec Dieu, avec soi-même et avec l'autre. Le don est fait pour plaire à Dieu sans attente d'une contrepartie de la part du bénéficiaire (II/262). Cela signifie que le débiteur de l'obligation de la *zakat* est tenu d'éviter de faire suivre son acte de toute intention de regret ou de reproche (II/264), d'autant plus que l'attribution répond à un souci d'équilibre. Elle porte sur la partie excédentaire des ressources disponibles (XVII/21 ; XXV/67), sans autre excès (VII/31). Par contre, ce surplus correspond au meilleur (II/267) de ce qui est possédé par le détenteur, afin de préserver la dignité du bénéficiaire (II/271 ; II/264).

La *zakat* peut être prélevée à d'autres occasions, comme le ramadan. Au cours de cette période, la distribution de la *zakat* de la rupture du jeûne se fait à tout moment pendant le mois, et relève de la solidarité et de la coopération avec les personnes démunies. Elle assure la couverture de leurs besoins lors de la période ou à la fête de la fin du jeûne. Elle est la responsabilité du chef de famille qui tient compte du nombre de personnes à sa charge. Son équivalence, en nature ou en argent, est déterminée par les autorités religieuses.

Il nous paraît que l'obligation de la *zakat* est au centre même d'une action citoyenne qui promeut une restructuration d'une société égalitaire sur la base d'une justice sociale. Il est toutefois déplorable de voir que le comportement de certains musulmans nantis en contredit et l'esprit et la lettre.

10. Quelle est la place accordée au jeûne dans l'islam ?

Quatrième pilier de la pratique religieuse, l'observation du jeûne n'est ni singulière ni spécifique à l'islam. Les traditions judaïque et chrétienne prescrivent également ce devoir (II/283). Mais quelle est l'utilité de cette pratique commune ?

Dans le Coran, le commandement du jeûne relève d'un acte de culte. Il s'effectue durant le ramadan, soit le neuvième mois de l'année lunaire, tout en conservant la possibilité d'accomplir un jeûne surérogatoire à d'autres moments de l'année. Mais, quelle que soit l'occasion de jeûner, celle-ci s'accompagne de certaines conditions restrictives ou invalidantes, comme l'aptitude d'âge (puberté) ou de santé psychique (être conscient) et physique (abstention et compensation par une aumône à des nécessiteux pour les personnes malades, les femmes enceintes ou les nourrices). En fait, la dispense au jeûne se réalise chaque fois qu'apparaît un risque attentatoire à la santé, voire à la vie du jeûneur.

Contrairement aux actes de culte qui se manifestent également par des gestes ostentatoires, comme la prière ou le pèlerinage, le jeûne est un acte purement intérieur aux contours spirituels.

Pourtant, l'introspection qui accompagne le jeûne est souvent occultée pour le réduire à une simple ritualité attachée à la privation, pendant un mois, des besoins primaires (nourriture, boissons et relations charnelles), entre l'aurore et le crépuscule, suivie d'une indécente boulimie. En conséquence, la perception du jeûne est restreinte à un ensemble de contraintes inutiles, inadaptées et aliénantes. Or, le côté spirituel relié à la pratique dépasse cette forme d'abstinence. Il exige également la préservation des autres sens, comme l'ouïe contre l'écoute malveillante, le toucher contre tout contact physique, la vue contre le regard concupiscent ou la parole contre les propos calomnieux ou discourtois.

Bien plus, le jeûne durant le ramadan fournit une occasion de rapprochement avec Dieu. C'est le mois qui commémore la révélation du message islamique transmis au cours de la « nuit du destin » (XCVII). Il est un mois de recueillement dans lequel la célébration du Coran se fait par sa relecture complète et par les prières du soir.

De surcroît, cette expérience d'ascétisme stimule la prise de conscience de l'existence d'une situation de privation permanente commune à une majorité d'êtres humains dans la société environnante et à travers le monde. Elle rappelle alors la nécessité de revenir à une obligation de solidarité envers les démunis vivant souvent à proximité, et qui est noyée par les turbulences de la vie. Ce retour à la prescription divine se traduit alors par un resserrement les liens familiaux et amicaux, dans une ambiance conviviale et modérée.

Certes, l'apparente privation conduit à un détachement de ses pulsions de faim, de soif et de ses habitudes de consommation. Elle converge surtout vers une réflexion sur le partage, la sociabilité et le rôle de chacun dans l'instauration d'une véritable justice sociale. Une telle mutation dans la pensée met alors en lumière la fonction pédagogique du jeûne. Elle encourage, d'une part, l'effort personnel vers une maîtrise de soi, de ses passions, et la recherche d'un équilibre, d'une modération vis-à-vis de ses besoins essentiels en corrélation avec ceux d'un autrui vulnérable. D'autre part, le jeûne éveille à la responsabilité sociale de chaque croyant. Cette abstention manifeste s'inscrit donc dans un processus d'affranchissement de l'être humain de toutes les contingences terrestres pour le conduire à un retour à son humanité. Elle est alors à la fois une occasion de rupture avec ses habitudes quotidiennes et un moment de méditation.

En somme, tout en étant un acte d'adoration ponctuelle (épreuve de patience en tant qu'expression de la foi), le jeûne consiste en un rappel à la compassion envers autrui (solidarité et partage) et en un effort de vigilance pour se soustraire à l'individualisme et à la consommation inutile (déconditionnement). Il est surtout un acte d'humilité face à la matérialité évanescente du quotidien et un acte d'élévation vers le Créateur.

11. Quels sont le sens et la valeur du pèlerinage ?

Le pèlerinage est le cinquième pilier de l'islam. Il est souvent confondu avec une pérégrination se réduisant à une visite des mosquées de La Mecque (ville de naissance du prophète) et de Médine (ville de son décès). Ce qui laisse présumer que le circuit touristique tourne autour de la figure du prophète. Or, il n'en est rien !

Le pèlerinage est plus qu'une commémoration. Il consiste simultanément en une quête et en un ressourcement et s'organise autour d'un autre personnage fondamental dans la tradition islamique : Abraham, l'ami de Dieu (IV/125). Et c'est à La Mecque (Mère des cités) que le patriarche subit, à deux reprises, l'épreuve de l'obéissance à l'Unique. La première émane d'un commandement précis, celui de restaurer et de purifier la « Maison de Dieu », et la seconde s'induit d'un songe, celui de sacrifier son fils. Ainsi, sans rébellion ni discussion, Abraham répond positivement à la charge assignée de reconstruire et de purifier, avec l'aide d'Ismaël (II/124-126), le premier temple ou *Kaaba* à La Mecque (III/96), sanctuaire édifié une première fois par la descendance d'Adam, autre figure marquante dans la cosmogonie islamique. Cette opération se fera dans l'emplacement originel qui lui est indiqué par Dieu (XXII/26) et qui, par symétrie, correspond au Trône céleste.

La seconde épreuve est d'origine onirique, comme le rappelle le Coran (XXXVII/101-109). Dans la tradition islamique, cette épreuve fourmille de leçons données à l'être humain par un Abraham élevé au rang de « guide pour les hommes » (II/124). Nous comprenons alors qu'il faut croire aux signes, dans ce cas, le rêve, et les accompagner d'une certaine disposition à leur acceptation, à la patience et à leur application, et ce, quel qu'en soit l'objet, même s'il s'agit du sacrifice de son enfant. Abraham a démontré, par sa tentative d'exécuter ce rêve, un détachement de soi envers tout attachement terrestre. Pour l'amour de Dieu, il conçoit aisément le sacrifice de l'amour de son fils. Aucune hésitation, aucune tergiversation ni tentation n'entravent la décision. C'est en ce sens qu'il pratique un monothéisme pur, sans association filiale (ou autre) à Dieu.

Cette épreuve du rituel sacrificiel est reprise par le pèlerinage, qui prend la forme d'un parcours parsemé d'étapes précises à accomplir dans un état de sacralisation et en réponse à l'appel divin. Cela consiste en une circumambulation autour de la *Kaaba* incrustée à un angle par la « pierre noire » confiée autrefois par l'ange Gabriel à Adam. Ce mouvement circulaire se fait à l'image de celui des anges autour du Trône divin. Il y a également la septuple course de Haggar entre les deux buttes de *Safa* et *Merwa* pour trouver de l'eau pour son fils Ismaël en état d'inanition avant que jaillisse la source de *Zamzam*. Ensuite, c'est l'ascension du mont Arafat, lieu de rencontre entre Adam et Ève. Et finalement, le rituel du sacrifice du mouton en remplacement du sacrifice humain et le jet de pierres sur les trois stèles représentatives des trois moments de manifestation de la tentation à la désobéissance.

Mais ce circuit extérieur consacré à Dieu réitère l'alliance conclue avec la descendance d'Adam dans la prééternité (VII/172). Elle s'accompagne d'un parcours intérieur qui recherche une purification du cœur par l'abandon de l'ego. Une quête qui est mise à l'épreuve par la maîtrise de soi au sein d'une foule environnante.

Le pèlerinage est donc associé à Abraham, qualifié dans le Coran de modèle du monothéiste pur (IV/125). À notre avis, il est justement l'expression à l'état absolu de la confiance en Dieu, confiance qui s'inscrit dans le qualificatif de « musulman », attribué par Abraham (XXII/78) à tout croyant qui ressent un sentiment de sécurité vis-à-vis de Dieu et qui lui voue une adoration dénuée de tout associationnisme, au sens d'amour pour quelque chose (argent, or, etc.) ou pour quelqu'un (parents, époux ou enfants).

La référence au modèle abrahamique devient une source inspiratrice lors d'une recherche de revivification de la foi et de la pratique. Abraham renferme à la fois un idéal à atteindre pour les croyants et sa concrétisation pour qui le veut. La transition de l'un à l'autre passe par le rappel du culte pur à partir de l'itinéraire réitéré au cours du pèlerinage.

En fait, nous percevons ce parcours initiatique comme un axe qui unit des hommes, d'Adam, le premier homme adorateur de Dieu, à Abraham, le premier monothéiste, et à Mohamed, le dernier messager du culte pur. C'est dire à quel point le pèlerinage témoigne plus de la commémoration du culte originel enseigné par Abraham que celle d'un espace.

12. Quelle est la place de Jérusalem dans l'imaginaire musulman?

En dehors des aspects politiques et historiques, Jérusalem renferme une forte symbolique spirituelle : elle est le berceau de tous les messages prophétiques inscrits comme commandements de foi pour tout musulman. En conséquence, l'attachement des musulmans à Jérusalem comporte au moins trois dimensions reliées à deux lieux précis, la Mosquée d'*Al-Aqsa* et le Dôme du rocher : la sacralité du lieu depuis Abraham, l'enracinement de la mission prophétique dans la tradition monothéiste et la vocation eschatologique.

De manière succincte, Jérusalem (*al-Qods*) réfère en arabe à l'un des noms de Dieu : Sainteté (*Qadus*). Elle est décrite dans le Coran comme la terre bénie qui a abrité Abraham et Loth après leur départ précipité d'Ur (Irak) (XXI/69-71).

Jérusalem héberge le Dôme du Rocher qui a servi de destination à la translation du prophète (XVII/1) et à sa lévitation jusqu'au trône céleste (VI/18). Car c'est au cours de ce voyage que seront dictés les commandements fondamentaux de l'Islam. Mais la ville comporte aussi une symbolique spatiale qui dépasse ce lieu. Elle abrite l'emplacement de l'oratoire de Zacharie où Marie a reçu l'Annonciation et auquel réfère le Coran sous l'appellation de la Mosquée *Al-Aqsa*. Selon la tradition musulmane, ce lieu a servi, lors du voyage nocturne du prophète, de parvis de rencontre pour tous les messagers de Dieu dans une prière collective dirigée par celui qui clôt le cycle de la prophétie.

Même si, jusqu'à ce jour, le caractère métaphysique du périple soulève encore des débats à propos du support, corporel ou spirituel, du voyage, il n'en demeure pas moins qu'il conforte le message unique transmis depuis Adam jusqu'au prophète, en passant par Abraham : celui d'adorer un Dieu unique. Jérusalem réunit à travers ce trajet le précurseur du monothéisme et le promoteur de son retour.

En ce qui nous concerne, et au-delà de la rupture spatiale et temporelle, ce déplacement nocturne renferme une autre signification. Non seulement il permet le rapprochement d'Abraham et de Mohamed dans la sphère de Jérusalem, mais il assure une jonction entre deux lieux de culte, Jérusalem et La Mecque, à partir de la figure du patriarche. Deux lieux sur lesquels ce dernier a érigé, simultanément, un sanctuaire en l'honneur de son Créateur. Ce voyage témoigne donc beaucoup plus l'enracinement du message islamique dans le monothéisme abrahamique duquel il puise le paradigme du culte pur. D'ailleurs, le premier sanctuaire édifié par Abraham servira, dès les premières années de l'islam, de direction pour la prière avant d'être remplacé par celui de La Mecque (II/144). Et, que ce soit au début de l'islam ou plus tard, la direction de la prière est toujours orientée vers la maison érigée par Abraham.

Finalement, le dernier aspect de la dimension symbolique de Jérusalem dans la tradition musulmane est d'ordre eschatologique. La ville serait le lieu de localisation du Jugement dernier. De nombreux récits décrivent les signes précurseurs de cet événement faisant de Jérusalem un centre spirituel qui permet la rencontre avec le divin. Et comme le souligne une parole rapportée du prophète : « Quiconque prie à Jérusalem, c'est comme s'il priait dans le ciel. »

Ainsi, dans la tradition musulmane, Jérusalem, la sainte, berceau du monothéisme, forge la mémoire collective de l'humanité tout entière et constitue le bassin d'une foi commune, quelle que soit la tradition adoptée. Avec ses deux mosquées d'*Al-Aqsa* et le Dôme du Rocher, la ville bénie occupe un rang similaire à celui de deux autres villes sacrées, La Mecque l'honorée et Médine l'illuminée.

II. La personne humaine en islam

13. **Comment l'islam conçoit-il les rapports entre les femmes et les hommes et quelles en sont les conséquences dans le mariage ?**

À première vue, le rapport homme-femme dans les sociétés musulmanes conserve encore les relents machistes des origines préislamiques. Pourtant, l'islam les a combattus en provoquant une véritable réforme des mœurs. Il a donné des droits aux femmes dans une organisation sociale fortement discriminatoire à leur égard (enterrement des filles à la naissance, concubinage illimité et répudiation sans droits).

Les réformes islamiques établissent la relation femme-homme en termes d'égalité et d'octroi pour la femme d'une personnalité juridique similaire à celle d'un homme. Pourtant, elles sont souvent méconnues ou ignorées autant par certains musulmans que par leurs détracteurs. Sur ce plan, le discours est similaire, même s'il paraît contradictoire. La légitimation de l'un et la dénonciation de l'autre s'appuient sur une référence commune : deux versets coraniques. Le premier mentionne la notion du « degré d'avantage » de l'homme sur la femme (II/228) et le second, sur la notion de « *qawâma* », allègrement traduite en termes de « pouvoir sur » ou « d'autorité sur la femme » (II/35), qui serait une prévalence conférée par Dieu aux hommes indépendamment du principe de l'égalité. Or, à scruter de près ces deux notions, on constate qu'elles sont un rappel à la responsabilité de l'homme à l'égard de son épouse, mais aussi vis-à-vis de toutes les autres femmes de son entourage familial (mère, sœur, grand-mère, tante, etc.).

Ainsi, si nous nous attardons sur ce « degré d'avantage », il appert qu'il intervient dans le domaine de la famille, particulièrement en matière de succession, de droits et devoirs conjugaux. Il est simplement un commandement qui précise qu'indépendamment de l'équivalence des droits et des obligations, l'homme est soumis à une contrainte supplémentaire. Il prend en charge les dépenses de son épouse, sans obligation pour celle-ci à une quelconque participation. De nos jours, pourtant, un tel devoir est oublié ou écarté, notamment dans les situations d'éclatement de la famille. Et la progression alarmante du nombre de femmes monoparentales précarisées contraste avec l'irresponsabilité de certains pères indifférents à l'état d'indigence de leurs enfants.

Pour ce qui est de la notion d'« autorité de l'homme sur la femme », comme le prétendent certains exégètes, elle revient, encore une fois, à la responsabilité de celui-ci. L'homme a l'obligation d'assumer unilatéralement les dépenses matérielles et de combler dans la réciprocité les besoins affectifs des membres féminins de la famille (épouse et autres).

Cette double responsabilité, économique et émotionnelle, qui pèse sur l'homme forge le noyau de l'équilibre de la relation conjugale et familiale. Cependant, si elle est concevable au niveau économique et dans un contexte d'époque de fermeture du marché de l'emploi aux femmes, cette responsabilité devient problématique dans le monde contemporain. En effet, de nombreuses femmes disposent d'une autonomie financière grâce à leur présence sur le marché, formel ou informel, du travail. Comment expliquer alors le maintien d'un concept de responsabilité de l'homme, souvent peu assumé dans la vie quotidienne, et qui est au fondement de la différenciation des règles successorales entre le garçon et la fille ?

Par conséquent, cette prétendue « autorité de l'homme sur la femme » et sa justification demeurent d'actualité. Elles devraient faire partie de la réflexion contemporaine des musulmans quant à son éventuel transfert sur les femmes seules ou responsables des besoins économiques de la famille, en raison du chômage ou de l'incapacité physique ou mentale de l'époux.

Par ailleurs, cette même notion ne saurait se départir du verset consubstantiel sur l'égalité qui la précède dans le texte coranique et qui constitue un principe général irrécusable. En effet, il ne souffre que d'une seule exception, qui n'est pas au niveau du genre mais dans le degré de piété. Par conséquent, le principe d'égalité humaine entre l'homme et la femme jouit de la pleine primauté (II/34). Toute « autorité » ne peut exister et encore moins se traduire par une marque de supériorité de l'homme ou encore servir de blanc-seing pour des mauvais traitements sur la femme !

De plus, toute lecture littéraliste, fragmentée et isolée de ces versets qui avance l'idée d'une supériorité entre les genres entre en contradiction avec le principe fondamental d'égalité qui sous-tend le message prophétique. Ce qui, dès lors, constitue un non-sens, car le Coran est « un texte [qui doit être pris] dans sa totalité en tant que système de relations internes. La signification est au niveau de ces relations et non des unités artificiellement isolées dans la totalité. » Une telle démarche incite à comprendre les versets, en l'occurrence ceux qui soulèvent problème, en lien les uns avec les autres et à saisir l'univers de pensée islamique.

C'est en ce sens que la relation femme-homme dans le Coran correspond davantage à une complémentarité entre les deux partenaires, et ce, en raison de leur origine unique (II/1). De cette souche commune se construit un lien fondé sur deux facteurs, l'équivalence des droits et des obligations entre eux et la réciprocité de leur participation dans la vie sociale, un lien de nature horizontale qui se construit sur la base de la concertation (XLII/37-39). Et le couple prend les décisions en commun, quelle que soit la question soulevée (allaitement ou gardiennage, II/233). Il n'y a aucune suprématie de l'un sur l'autre.

Une telle concertation favorise, à notre avis, non seulement l'expression et la circularité de la parole de chacun, mais surtout l'écoute à travers la connaissance et la reconnaissance de l'autre en tant qu'être humain qui participe dans la réalisation du projet familial. D'ailleurs, cette complémentarité du couple se retrouve dans la symbolique du « vêtement » évoquée dans le Coran (II/187) : chacun est le vêtement de l'autre, au sens de protection réciproque contre tout danger extérieur et de source affective mutuelle. Par conséquent, vivre à deux exige, non pas la soumission de l'un par rapport à l'autre, mais une constante vigilance et une mise à l'épreuve au quotidien de sa foi à travers l'épreuve de la patience, de la maîtrise de soi, de l'attention, du partage, de l'humilité et, surtout, du pardon à l'autre.

14. Est-ce que la *charia* est un code pour enfermer les femmes ?

Au préalable, il faut souligner que le terme *charia* est mentionné dans le Coran sous différentes formes : *shara'a* (XIII/42), *shara'û*

(XXI/42), *sharî'a* (XVIII/45) et *shir'a* (XL/5). Étymologiquement, il renvoie au sens de chemin ou de voie qui conduit vers la source qui, dans la tradition musulmane, correspond au Coran (parole de Dieu) et à la *Sunna* (propos explicatifs du texte sacré et conduite du prophète).

Sur le plan juridique, la *charia* réfère aux orientations générales dégagées de ces sources normatives pour gérer la relation horizontale avec autrui. En effet, la relation transcendantale avec Dieu (culte) est clairement définie dans le texte sacré sous la forme de la règle des cinq piliers de la pratique religieuse, c'est-à-dire l'attestation de l'acte de foi, la prière, la *zakat*, le jeûne, le pèlerinage. Cette pratique revêt un caractère intemporel puisqu'elle demeure la même quels que soient l'époque ou l'espace.

À l'inverse, les interactions individuelles ne sont pas fixées de manière irrévocable. Les récits prophétiques passés et les situations conjoncturelles survenues au moment de la Révélation des versets coraniques en constituent seulement des exemples. De ces derniers, les juristes ont extrait des orientations générales applicables dans un contexte contemporain. Leur travail réfère à un raisonnement ou « effort de réflexion personnelle » (*Ijtihad*) qui met en lien les lignes directrices posées par le texte sacré et une réalité spatiale et temporelle donnée. Dès lors, l'idée d'une *charia* unique, immuable et irrévocable, manque de fondement. Elle contredit l'existence même des différentes écoles juridiques dans les courants de pensée islamiques sunnites et shiites. En fait, à l'uniformité unanimement admise s'oppose une relativité méconnue.

Toutefois, cet exercice intellectuel des juristes ne relève ni du pouvoir discrétionnaire ni de l'arbitraire. Il est balisé par les limites (*hudud*), fixées par Dieu, qui soustendent toute production normative finale (*fiqh*) adaptée à une société particulière. De toute évidence, une telle législation comporte des sanctions dont la portée est d'emblée atténuée par les principes de repentance et de pardon. Par conséquent, comparer la *charia* à un code législatif, au sens de recueil de dispositions juridiques relatives à un domaine précis, comme le Code civil ou le Code criminel, est inadéquat.

À notre avis, la *charia* apparaît plus comme un terme générique qui renferme l'objectif de conciliation entre l'intemporalité des principes islamiques et la mutation de l'environnement. Elle relève plutôt d'une éthique qui régit la législation sur les rapports sociaux. Et, contrairement à ce qu'en croit l'imaginaire collectif, elle s'applique autant aux femmes qu'aux hommes.

Néanmoins, une perception réductrice encouragée par le comportement discriminatoire de certaines sociétés, ouvertement musulmanes, la ramène à deux axiomes, celui du statut de la femme musulmane mineure et celui du Code pénal. Cela laisse croire que la *charia* est surtout un instrument d'enfermement des femmes. Une telle représentation est également entretenue par l'application de châtiments corporels, de mutilations ou encore, dans certains cas, de l'imposition du voile.

Or, dans un idéal de société à tradition musulmane, la perspective de telles sanctions est simplement inconcevable en raison même des balises posées par le Législateur suprême au législateur de la cité. Et si ce dernier prévoit une sanction, elle doit s'inscrire dans une logique de respect des principes concomitants de responsabilité, de justice sociale et de liberté de croyance.

Ainsi, on ne peut exercer la sentence de l'amputation de la main pour vol lorsque la distribution des ressources matérielles sous forme de *zakat* fait défaut.

Pour ce qui est des châtiments corporels, la méprise est fréquente. Tout d'abord, ils concernent autant la femme que l'homme (XXIV/2). Ensuite, leur prescription est soumise à de strictes conditions d'application. À titre d'illustration, la preuve de l'adultère (IV/15) exige quatre témoignages séparés auxquels les écoles sunnites ajoutent une exigence de concordance et une matérialité ou le « test du fil ». Et les châtiments corporels sont administrés en cas de faux témoignage (VI/6-7). Pour ce qui est de leur application à l'encontre de l'auteur — homme ou femme — de l'adultère, la rigueur des preuves exigées lui confère inéluctablement un statut plus virtuel que réel. Ce n'est, malheureusement, pas le cas dans certains pays.

Finalement, pour ce qui est de la lapidation, elle n'est nulle part mentionnée dans le Coran. Elle le serait dans un propos rapporté du prophète qui suscite la controverse. Il est donc déplorable de constater que certaines sanctions sont prises en vertu de principes coraniques alors qu'elles sont le produit d'une interprétation littéraliste motivée par une vision machiste déformant le sens même de la Révélation.

Un vent de réforme soulevé par de nombreuses féministes islamiques, qui se réclament de la pratique religieuse, souffle dans de nombreux pays. Ces femmes s'attèlent justement à déconstruire le discours discriminatoire développé depuis des siècles par un courant conservateur religieux qui légitime, sous couvert de l'islam, des injustices strictement culturelles initialement combattues par le message prophétique.

15. Le port du voile est-il obligatoire pour les femmes ?

Que l'on soit au Québec ou dans quelque autre région du monde, la question de la dimension cultuelle ou culturelle du voile est au centre du débat. Elle est également source de dilemme pour de nombreuses musulmanes qui sont partagées entre sa représentation sacrée ou profane. Mais quelle est, au juste, la place du voile dans le message prophétique ?

Si nous nous référons aux versets coraniques dans la version originale arabe, ce vocable correspond à trois notions précises : le *hijab*, le *khimar* et le *djilbab*. Ainsi, le mot *hijab* se trouve évoqué à huit reprises dans le Coran dans des sens différents. Dans une connotation positive, il est un moyen avec lequel Dieu entre en communication avec ses messagers (LII/51) ou une protection divine lors de la lecture du Coran (XVII/45). Le *hijab* peut également représenter une frontière physique qui sépare l'enfer du paradis (VII/46) ou un garde-fou psychique qui appelle à la pudeur et à la retenue (XXXIII/53). Il est enfin une retraite spatiale dans laquelle se met Marie pour s'éloigner des siens (XIX/16-17). Dans une connotation négative, le *hijab* signifie une mise à distance par rapport à la foi et donc à Dieu (LI/5). Enfin, le terme *hijab* se rapporte également à un moment de la journée (XXXVIII/33). Par conséquent, le terme générique de voile renferme une multiplicité de sens comportant des dimensions spatiale et temporelle.

En ce qui concerne la tenue vestimentaire, elle est spécifiquement visée par deux autres termes, *khimar* et *djilbab*. Pourtant, ces derniers sont pareillement traduits par la notion voile. Ainsi, le *khimar*, utilisé dans une forme plurielle (*khûmurihinna* XXIV/31), se rapporte à la bienséance dans l'habillement, une exigence compréhensible dans le contexte d'une époque où le harcèlement était généralisé. Toutefois, cette discrétion dans la tenue doit être mise en relation avec le verset (XXIV/30) qui impose aux croyants de manière générale, hommes et femmes, une pudeur dans le regard, c'est-à-dire l'abstention de se servir de celui-ci comme moyen de communication en vue d'une attirance. À notre avis, le terme *khimar ou khûmurihinna* est davantage associé à une prohibition du jeu de la séduction et du contrôle émotionnel, en dehors des relations conjugales. Il transcende le port extérieur du vêtement pour aller vers l'intention, ce qui est tout à fait en cohésion avec l'interdiction du libertinage en cours dans la société antéislamique. Et cet interdit s'applique autant aux femmes qu'aux hommes se considérant comme musulmans.

Finalement, le dernier terme également traduit par voile est mentionné dans le Coran dans une forme plurielle « *djilbabihinna* » (XXXII/59). À ce niveau, la recommandation divine comporte deux volets : la distinction et la protection. Le voile servait alors le signe distinctif entre la femme musulmane et la femme polythéiste. Dès lors, la première pouvait non seulement bénéficier de droits économiques en cas de répudiation, mais de plus, elle pouvait éviter tout harcèlement d'ordre sexuel.

Les différentes acceptions sous-jacentes à la traduction uniforme du mot voile n'imposent de toute évidence aucune obligation de dissimuler les cheveux. De plus, la compréhension du Coran se fait d'abord par lui-même, selon la concordance des versets, et ensuite selon la tradition du prophète (*Sunna*), avant de recourir au raisonnement (*ijtihad*). Et la *Sunna*, en tant que seconde source en islam, contient un *hadith* qui est contesté par de nombreux penseurs. Dès lors, ni le Coran ni la *Sunna* ne posent d'obligation de couvrir les cheveux.

À notre avis, l'interprétation contemporaine de recouvrir les cheveux et de sacraliser le voile exige un débat plus large que celui de certains penseurs conservateurs. Un débat qui inclut au sein de la réflexion la prescription divine affirmant qu'avant tout, le meilleur vêtement est celui de la piété (VII/26). En attendant, cela n'empêche pas les femmes qui veulent porter le voile de le faire. Elles disposent, comme toute autre femme, du droit de choisir leur tenue vestimentaire, de la chaussure jusqu'au couvre-chef.

16. Quelles sont les figures emblématiques de femmes dans le Coran?

Même si les femmes sont souvent citées dans le Coran, deux seulement sont précisément identifiées comme un modèle de femme croyante : la femme du Pharaon et Marie. La première est simplement citée à titre d'épouse (LXVI/11), tandis que la seconde est directement nommée à plusieurs reprises (III/36 ; LXVI/12) et qu'une sourate (XIX) porte son nom.

De fait, nous nous attarderons sur Marie. Le texte coranique l'élève « au-dessus des femmes de l'univers » (III/42). À notre avis, pareil privilège situe le modèle de Marie au même rang que le prototype masculin du croyant monothéiste véhiculé par l'image d'Abraham et du Prophète Mohamed, c'est-à-dire le croyant pur, celui qui est dans une relation de confiance totale avec Dieu. Il en est le pendant féminin. Désormais, le modèle du monothéisme abrahamique est loin d'être une exclusivité masculine. Il est inclusif de la femme, ce qui étaye le principe fondamental islamique d'égalité dans la piété entre l'un et l'autre. D'ailleurs, la mise en application de ce principe apparaît dans au moins deux événements importants dans le parcours de vie de Marie et qui sont, à notre avis, « subversifs » pour l'époque.

Le premier concerne le vœu émis par la mère de Marie, la femme d'Amran, qui destine au Temple l'enfant à naître. Sans s'attarder sur les interprétations relatives à une telle intention qui renfermerait le désir de forcer le dessein de Dieu et d'obtenir un

mâle plutôt qu'une femelle, une telle destination en dépit de la naissance d'une fille
s'oppose aux mœurs locales. Seuls les gar-
çons devaient occuper la fonction de servir au Temple ! Or, Marie s'en chargera.

Le second élément qui vient secouer les
pratiques patriarcales dominantes de ladite
société est la dénomination même de Jésus
dans le Coran. En raison du miracle de
l'Annonciation de sa naissance, il est désigné au moins 23 fois sur 33 comme étant
le « fils de Marie » (III/45 ; IV/169 ; V/50 ;
XXIII/52 ; LVII/27) sans autre référence.

Le texte sacré considère la mère et le fils
comme un signe de Dieu (XXI/91), d'autant
plus qu'ils sont mis en relation avec la création originelle. Tout comme celle d'Adam,
la naissance de Jésus relève de la seule volonté divine (III/59), alors que Marie apparaît, comme Ève, à l'origine de la création
humaine (III/35).

À notre avis, ces deux événements peuvent être pris comme des indices d'un
futur changement dans la société antéislamique réceptrice de la révélation islamique, un retournement dans le regard
posé sur la femme. En effet, jusqu'alors, la
tradition dominante s'accommode fort

bien de la pratique de l'enterrement des filles vivantes dès la naissance ou encore de l'abandon sans droits des femmes répudiées, pratiques qui seront bannies par la religion émergente.

Le modèle de croyante pure représentée par Marie se caractérise par des qualités, comme la pureté originelle (XI/11-12) et l'humilité devant Dieu (III/43). Et tout comme le patriarche du monothéisme, Marie est qualifiée d'être de vérité (V/75).

À la lecture du Coran, la figure de Marie pourrait être reliée à une confusion chronologique. En effet, elle est présentée dans la sourate III comme la fille d'Amran et la sœur d'Aaron, et donc la sœur de Moïse, alors qu'à la sourate XIX, elle est la mère de Jésus. Ce qui, à juste raison, pousse à se demander : comment peut-elle être à la fois la sœur de Moïse et d'Aaron et la mère de Jésus, alors que plusieurs siècles les séparent ? La confusion se dissipe si on considère le Coran comme un texte de l'ultime rappel. Il est la réitération du même message divin véhiculé par les prophètes depuis Noé jusqu'à Mohamed en passant par Abraham, Moïse et Jésus. Et même s'il se trouve dans des livres différents, il provient d'une source commune : le Livre céleste (la Mère du Livre). Par conséquent, Marie, à la fois mère de Jésus et sœur d'Aron et donc de Moïse, et dans une juxtaposition sans égard pour le temps et l'espace, personnifie la constance de cette parole dépouillée de tout détail.

17. Certains affirment que le Coran invite à la lapidation des femmes ou oblige des mutilations en cas de vol : qu'en est-il vraiment ?

Parler d'une « invitation » aux châtiments corporels des femmes ou d'« obligation » aux amputations en cas de vol, c'est occulter totalement l'essence même du Coran qui se situe dans une vision globale axée sur deux fondements : l'amour envers Dieu et ses créatures et la justice humaine.

La dimension punissable, qui correspond aux limites à respecter par tout musulman, est souvent mise en exergue pour conforter l'image de l'islam comme tradition religieuse de violence. Certes, il existe des versets coraniques sur les mutilations physiques (amputation de la main) et sur les châtiments corporels (bastonnade). Mais est-ce à dire que la corrélation entre islam et violence posée comme une évidence irréfutable est effectivement fondée ? La compréhension d'une telle logique exige de reprendre chacune des affirmations.

Il existe un verset coranique qui souligne la sanction du vol par l'amputation de la main (V/38). Mais un tel châtiment subi par un individu n'a de sens qu'en lien avec un principe général sous-jacent à l'impôt purificateur, celui de la mise en place d'une justice sociale. Dès lors, le devoir religieux à la charge de tout musulman est de procéder, non pas à la thésaurisation des ressources matérielles, mais à leur circulation et à leur redistribution, pour accéder à un certain équilibre social. Les nantis se doivent, en raison du privilège de possession détenu, de satisfaire les besoins des démunis.

Il pèse donc sur la collectivité des croyants l'obligation de s'occuper de ses membres défavorisés, quelle que soit leur appartenance religieuse, et de concourir à l'éradication de la paupérisation au sein de la société. Dans un idéal sociétal, cela conduit inéluctablement à l'absence du vol par nécessité. Aussi, tout autre type de vol attentatoire à la propriété d'autrui sans être justifié par la nécessité de survie est celui-là même qui constitue une transgression aux limites posées par Dieu. Un tel vol générateur de troubles sociaux est sanctionné par une mutilation physique.

La gravité de la punition évaluée à l'aune de la société contemporaine dotée d'un système carcéral ou encore des coûts sociaux engendrés par de telles amputations, peut paraître inadéquate. Toutefois, elle se comprend dans le contexte de la révélation prophétique qui luttait contre les privilèges claniques antérieurs dépourvus de solidarité exogène. Or, le message prophétique insiste sur le devoir de la collectivité des croyants à l'application de la justice sociale. Par conséquent, tout vol commis pour combler un besoin vital met en exergue l'inefficience de cette collectivité à exécuter l'obligation cultuelle de l'impôt purificateur et sa défaillance à accomplir la répartition de ses richesses.

À notre avis, dans cette situation particulière, le cas précis du vol par nécessité humainement justifiable n'est pas punissable, car il ne remplit pas les conditions nécessaires à l'application des sanctions pénales prévues par le texte coranique. Procéder autrement serait alors une transgression au message islamique.

D'ailleurs, du vivant du prophète, aucune mutilation n'a été exécutée, contrairement à l'excès de zèle démontré par certains gouvernants islamiques. L'attitude de ces derniers répond davantage à une stratégie d'évitement pour masquer l'inanité de leurs politiques sociales. Par conséquent, l'application du verset coranique est soumise à des conditions précises : l'existence d'une justice sociale et la perpétration d'un vol sans but de survie ! En leur absence, l'abstention est de rigueur.

Pour ce qui est des châtiments corporels, il faut souligner que les versets coraniques imposent la correction par les coups de bâton (100) à l'homme et à la femme identifiés comme débauchés (XXIV/2). Ce qualificatif doit être mis en lien avec la vision du message prophétique qui, à l'instar des messages antérieurs propagés par Moïse et Jésus, cherche à instaurer une société respectueuse de la morale dans le comportement de ses membres. Là également, la révélation doit être située dans le temps pour comprendre qu'elle se manifeste en opposition au relâchement des mœurs de l'époque. Et la repentance (*tawba*) est toujours considérée comme la meilleure action, à laquelle répond le pardon divin.

Pour ce qui est de la lapidation, contrairement à l'information répandue, aucun texte coranique ne la mentionne. Son insertion dans la jurisprudence religieuse est postérieure à la révélation islamique. Il revient, là également, aux penseurs musulmans d'engager une réflexion sur les origines de sa pratique et sur la pertinence de son application au regard du message prophétique.

III. Les rapports entre le musulman et les autres cultures et religions

18. **Pourquoi l'islam semble-t-il prôner la guerre sainte?**

Au préalable, il y a lieu de rechercher les différentes significations du terme arabe *djihad*, couramment traduit par l'expression de « guerre sainte ». Or, le Coran utilise le mot *djihad* dans deux sens distincts : le *djihad* contre soi (grand *djihad*) et le *djihad* de résistance en cas d'injustice (petit *djihad*).

Dans le premier sens, l'effort visé transcende la force physique. Il implique les dimensions intellectuelle, émotive et végétative dont le concours facilite, pour celui qui l'exerce, l'accès à la paix intérieure. Préalablement, cette lutte symbolique requiert un état d'esprit qui s'entoure d'exigences de lucidité, de réflexion, de vigilance et de compréhension afin d'atteindre l'équilibre et l'harmonie en soi et dans la relation avec les autres.

Par ailleurs, ce type de *djihad* puise son énergie dans le double impératif véhiculé par la pédagogie du message prophétique : l'instruction par la lecture, « lis » (*iqra*), et par l'« écriture » (*qalam*). Autrement dit, il combat l'ignorance et préconise l'acquisition de la connaissance, quelle que soit son origine. Finalement, le *djihad* contre soi a pour terrain la vie quotidienne, à partir des actions personnelles et au sein de la collectivité.

Au demeurant, cet effort contre soi cherche à écarter les tensions, à aiguiser le sens critique du croyant et à exercer son libre arbitre. Il conduit à une libération de soi et à un détachement de son ego, par une prise de conscience de sa responsabilité d'humain dans la dynamique relationnelle. Le grand *djihad* joue alors le rôle de catalyseur et prédispose tout croyant qui en acquiert la maîtrise à jouer un rôle actif dans la société. Dès lors, sa participation au sein de la diversité humaine formera une réponse au dessein divin d'une communauté plurielle. Autrement dit, ce croyant citoyen contribuera à l'instauration d'une émulation réciproque dont le but est de se surpasser mutuellement dans l'accomplissement du bien pour tous (V/48).

La lutte contre soi est donc un état de constante réforme de sa pensée et de son comportement en vue d'une implication dans la société pour s'opposer à l'injustice, à la pauvreté, à toutes les formes d'exclusion sociale et à la restauration d'une dignité pour tous. Il reflète la participation active du croyant citoyen dans l'adoption et l'application de réformes sociales favorables à la mise en place d'une société équilibrée grâce à une juste répartition des ressources financières (V/8).

À l'inverse, le petit *djihad*, qui préconise l'entreprise militaire, est prescrit dans certains versets (IV/96 ; IX/5 et 14-18 ; XXII/39-40) et concerne des situations conjoncturelles précises survenues lors de la révélation du message prophétique. Cette forme de combat souscrit à des règles précises, celles de réfréner toute agression en cas de violation de la liberté de foi ou de la justice et d'appliquer le droit de défense (II/208 ; IV/94 ; VIII/61). Elle revêt une dimension de résistance et de protection. Or, cet aspect est souvent occulté par les partisans de la violence et par les détracteurs du message prophétique.

Dès lors, la compréhension des versets concernant le petit *djihad* exige une mise en relation avec le principe fondamental de non-agression, un principe qui a souvent été écarté par les chefs politiques de toutes les époques. Leurs expéditions étaient entreprises à partir de considérations politico-historiques légitimées par une interprétation exégétique complaisante.

Pourtant, les différentes écoles juridiques ont contesté, dans un rare consensus, toute interprétation littéraliste. Au contraire, elles privilégient une lecture contextuelle des versets coraniques relatifs à cette forme de *djihad*, qui sensibilise à la connaissance des circonstances de la Révélation, au contexte social d'accueil et à la signification originelle des mots. Autrement dit, ces balises tendent à préserver contre toute interprétation farfelue, décontextualisée et nocive pour l'islam, laquelle s'éloigne du message prophétique axé sur la paix, le pardon et le dialogue.

L'association erronée de l'islam à la guerre sainte perdurera tant que ceux à qui est offerte la parole médiatisée continueront à ternir un discours belliqueux étayé par des versets fragmentés.

19. Comment comprendre l'émission d'une *fatwa*, d'une condamnation ou d'une apostasie dans un monde sensible à la liberté de religion et d'expression ?

Contrairement à une croyance répandue de toutes parts, la liberté de religion est un principe sacré, affirmé et protégé par les versets coraniques (II/256 ; III/20 ; V/92 ; XVIII/29 ; XL/48 ; LXXXIII/19 ; CIX).

Liberté arrachée par les premiers croyants musulmans aux tribus polythéistes de La Mecque, elle est au cœur du message prophétique qui exclut la contrainte, à la faveur de l'avertissement et de l'énonciation d'une bonne nouvelle pour le croyant. Ce message fait prendre conscience de l'existence d'un réel libre arbitre, intrinsèque à tout être humain. Comment alors comprendre les *fatwas* de condamnation ou d'apostasie ?

Préalablement, il faut souligner qu'une *fatwa* est une consultation religieuse émanant d'une autorité religieuse reconnue pour son expertise dans le domaine des sciences religieuses. Chacune des deux grandes branches de la tradition musulmane confère cette fonction à une personnalité particulière, en l'occurrence le *mufti* (sunnisme) et l'*ayatollah* (shiisme). La *fatwa* a pour objet de donner une interprétation d'ordre religieux sur un différend temporel et sur lequel la jurisprudence n'est pas claire. Son effectivité, au sens d'application, dépend du type de société qui l'élabore.

En ce qui concerne la *fatwa* pour apostasie, on se demande sur quelles bases elle s'appuie pour conclure à une condamnation ou à une excommunication, si le message prophétique dans son ensemble postule la liberté de croyance. En effet, un seul verset coranique évoque l'apostasie, mais comme un fait anodin face à la puissance d'Allah (V/54). Aucune autre indication ne dicte ou ne suggère une quelconque condamnation. Pour ce qui est de la *Sunna*, là également et de manière isolée, un propos du prophète en parle. Il est rapporté par une seule source, sans aucune corroboration. Il souligne l'attitude des musulmans abjurateurs qui, par la suite, combattent leurs anciens coreligionnaires. Indépendamment de la question de la fiabilité de la provenance, ce propos partage la communauté des juristes sur son contenu. La personne visée par la condamnation l'est-elle en raison de son statut de combattant ou d'apostat? Sans s'attarder sur le débat suscité par la question, il ressort, de manière globale, que la référence à l'apostasie pour justifier la *fatwa* défie le principe même de liberté de religion.

Et quelle est la place d'une *fatwa* de condamnation de la liberté d'expression en regard à « un monde sensible à la question », la réponse est claire : aucune. À notre avis, chacun est libre de penser ou de dire ce qu'il veut. Toute *fatwa* qui cherche à museler les voix contrevient, là également, à un autre principe fondamental en islam, celui de la diversité des communautés, qui présume celle des propos. Une telle pluralité, malgré les différends qu'elle renferme, constitue en soi un don. Elle participe, selon le dessein divin, à l'instauration d'une saine émulation dans la construction du bien collectif (V/48).

Seulement, est-ce que le droit de dire engendre le droit de s'exprimer de n'importe quelle façon? Est-ce que le droit de faire impose l'obligation de l'exercer à tout prix, au risque de provoquer une tension sociale? Au-delà des limites posées par une législation donnée pour éviter tout dérapage ou traitement différentiel, une éthique de responsabilité devrait inspirer la liberté d'expression. De sorte que l'espace public puisse être ouvert à toute expression dans le respect et la bienséance, sans tomber dans le piège du politiquement correct. En effet, à notre avis, une liberté d'expression débridée cause autant de tort qu'une *fatwa* intempestive.

20. Quelle place est donnée par l'islam aux autres religions?

Depuis quelques années, la question du traitement des autres religions par l'islam est souvent posée à partir de deux faits incontestables : le statut de *dhimmi* (le statut accordé aux sujets non-musulmans dans des États régis par la loi musulmane, essentiellement les Gens du Livre, et leur conférant une certaine liberté religieuse et un degré de participation à la vie publique) sous les différents califats et la désertion contemporaine des non-musulmans en terre d'islam. Et les raccourcis sont nombreux pour jeter l'opprobre sur l'islam.

Or, l'éclairage historique sur ces épisodes dans les pays à majorité islamique souligne que leurs origines combinent des causes conjoncturelles et complexes qui ne peuvent être réduites à un prétendu ostracisme intrinsèque à la tradition religieuse elle-même. Au demeurant, il est avéré que les minorités religieuses dans ces contrées ont bénéficié d'un régime de protection qui, effectivement analysé aujourd'hui et à l'aide des outils juridiques façonnés par la culture des droits de l'homme, est contestable.

À l'opposé, et quels que soient les reproches à faire, les mesures de protection n'ont pas produit de génocide ni de nettoyage ethnique. Et le départ des communautés religieuses juives et chrétiennes des pays musulmans, depuis 1948 et après les guerres de décolonisation, a des raisons fortement politiques. Il marque, de manière déplorable, la fin d'un échange interculturel fructueux.

Tous ces facteurs conduisent à retourner aux sources scripturaires pour comprendre la position de l'islam à l'égard des autres religions et, surtout, à identifier ce que renferme cette expression. Dans le contexte de la Révélation et donc du vivant du prophète, le Coran fait une distinction entre les polythéistes et les « Gens du Livre ».

Pour ce qui est des polythéistes, c'est-à-dire ceux qui réfutent l'unicité de Dieu exprimée par le message prophétique, les prescriptions coraniques les considèrent comme des associationnistes. La conduite prescrite à leur égard est soit la résistance, soit la neutralité. La gestion de la relation dépend alors du comportement d'hostilité, d'antagonisme, de harcèlement ou d'indifférence des polythéistes envers le prophète et les premiers musulmans. Dans une situation de belligérance, l'injonction posée par les textes sacrés se formule par l'exercice d'un devoir de défense corollaire au principe de non-agression. Toutefois, cette obligation de résistance s'efface devant une autre, celle d'accepter toute proposition de paix émanant de la partie adverse.

Par contre, lorsque les adeptes des religions polythéistes affichent une posture de non-belligérance, les textes coraniques commandent une coexistence pacifique en vertu de la liberté religieuse (XVIII/29). Cette distinction au sein de la faction polythéiste permet de souligner que les versets souvent cités pour définir l'islam comme religion de violence relèvent d'une pédagogie de guerre. Ils dictent au prophète et à ses compagnons la manière d'agir face aux coalitions hostiles au message prophétique dans le contexte de sa survenance.

Quant aux croyants désignés comme appartenant aux « Gens du Livre », ils se composent de juifs, de chrétiens et de sabéens. Ils jouissent d'un traitement particulier, puisque le credo islamique les intègre à l'orthodoxie islamique. La foi en Dieu exige, entre autres, de croire en ce qui a été révélé antérieurement au prophète Mohamed, c'est-à-dire les Pages confiées à Abraham, la Torah donnée à Moïse, le livre des Psaumes révélé à David et l'Évangile remis à Jésus (II/136). Avec les musulmans, ils forment la communauté (*umma*) des peuples du Livre. Celui-ci est considéré comme un exemplaire original à partir duquel un message unique est tiré. Ce dernier est rappelé à travers des versions textuelles variées.

Par conséquent, l'énoncé coranique recommande le respect envers les Gens du Livre. Toute discussion menée avec eux devra se tenir de la « manière la plus courtoise » (XXXIX/46). Il est recommandé également, en raison de la croyance en une divinité unique et commune, la pratique du dialogue et du rapprochement (XLIX/13), car le pluralisme religieux et la diversité des peuples font partie du dessein divin (X/99). L'un et l'autre exhortent au dépassement de la simple coexistence et s'ouvrent à une connaissance mutuelle (XLIX/13).

La dimension œcuménique inscrite dans les versets coraniques prend appui sur une fraternité humaine tissée à partir d'une appartenance adamique (en tant qu'origine unique) et abrahamique (en tant que fondateur du monothéisme). Une proximité de parenté qui, précisément à notre époque, gagne à être ravivée, pour faire renaître le sentiment d'entraide, d'émulation dans la droiture, de piété dans l'action et de prohibition de la haine et du péché (V/2). D'autant plus qu'elle s'affirme dans des paramètres de moralité qui se retrouvent également dans la Torah et la Bible, désignées dans le Coran comme une lumière et une voie (V/44-46).

21. Comment l'islam établit-il le rapport entre les musulmans et les non-musulmans?

Avant d'aborder la question de l'interaction entre les musulmans et les non-musulmans, il nous semble nécessaire de nous attarder sur la compréhension de l'expression « non-musulmans ». Est-elle indiquée dans les versets coraniques ou est-elle le produit d'une élaboration historique?

Le Coran énonce une série de termes pour désigner les personnes en interaction avec l'islam. Elle prend la forme d'une typologie comprenant les croyants (*mu'minun*), les incroyants (*kufar*) et les polythéistes (*mushrikun*).

Les croyants regroupent toutes les personnes qui acceptent la Révélation en tant que rappel du message originel véhiculé par les précédents prophètes et qui exhorte les humains à adorer le Créateur. Dans cette classe figurent les Gens du Livre (II/105), c'est-à-dire les juifs et les chrétiens, destinataires d'un message similaire transmis antérieurement par Moïse et Jésus (V/48), ainsi que les sabéens. Parmi les Gens du Livre, il y a un groupe qualifié d'incroyants (II/105). Et finalement, les versets coraniques mentionnent les polythéistes. À chaque groupe de personnes correspond un type de relation spécifique.

Ainsi, avec les Gens du Livre, les musulmans doivent établir une relation fondée sur une éthique qui fait appel à des règles de civilité, de courtoisie et de bienveillance (II/83 ; XVI/125 ; XLI/34). Cela entraîne inéluctablement une démarche de dialogue et de compréhension pour la résolution de tout éventuel différend.

Dans une logique similaire mais plus réservée, voire neutre, se développe la relation des musulmans avec le groupe des incroyants.

Quant au groupe des polythéistes ou associationnistes contemporains au prophète, la relation était d'ordre conflictuel. Ils ont combattu le prophète, l'incitant à exercer le droit de défense prescrit (II/208 ; IV/94 ; VIII/61). Qu'en est-il aujourd'hui de cette classification ?

Son opportunité a déjà été remise à l'ordre du jour avec l'expansion de l'empire islamique. Les débats théologiques s'articulaient autour de l'intégration des minorités religieuses au sein de l'hégémonie islamique. Les solutions apportées répondent aux aspirations du pouvoir politique sans considération religieuse. On constate que la préservation de la suprématie du moment a rapidement défini la règle. Toute fonction étatique ou provinciale est, en priorité, occupée par un musulman, en tant que représentant de la communauté de foi des populations de l'empire. Par conséquent, les minorités religieuses disposaient, quant à elles, d'un statut qui leur confère certaines libertés comme la liberté du culte et l'installation dans des postes institutionnels en dehors de l'armée. Elles étaient dispensées de l'imposition de la *zakat*, en contrepartie de laquelle elles versaient une dîme de protection du souverain. Elles bénéficiaient alors d'un statut de *dhimmi* qui, à la lumière de la posture intellectuelle moderne empreinte de droits de l'homme, fait l'objet de nombreuses controverses.

La polémique actuelle sur le statut de *dhimmi* porterait des fruits si dans la foulée, et dans la même perspective, des cas contemporains d'injustices à l'égard de peuples étaient examinés. Par ailleurs, et dans cette démarche de questionnement de l'histoire, il serait également opportun d'engager, à l'intérieur du monde musulman, un autre débat sur les raisons du consensus des doctrinaires religieux autour de la fusion des différents groupes mentionnés par le Coran en un groupe unique. En effet, certains théologiens intègrent de plus en plus dans leur discours une dénomination générique pour parler des Gens du Livre, des incroyants et des polythéistes, celle des incroyants.

Or, cette catégorisation sociale prédispose à l'opposition. Elle renforce la dichotomie du « Nous » et des « Eux » qui, à l'époque de la Révélation, s'applique seulement aux incroyants. Et dans une société pluraliste où la diversité ethnique, culturelle et religieuse est un fait, raviver aujourd'hui cet état d'esprit à l'appui d'une confusion dans la dénomination des groupes religieux porte le risque d'entretenir des stéréotypes propices à la rupture plutôt qu'au rapprochement. Autrement dit, la position tranchée de chacun s'inscrira plus dans un rapport asymétrique et de rejet que dans une démarche de rencontre.

Pourtant, les relations quotidiennes (de voisinage, professionnelles, scolaires, etc.) sont porteuses de nombreuses opportunités de connaissance et de reconnaissance de l'autre. Bien plus, elles sont révélatrices d'expériences qui soulignent plus de ressemblances que de dissemblances entre les humains.

Le défi des uns et des autres au sein des sociétés pluralistes, et particulièrement au Québec, serait de pouvoir construire des normes communes qui transcendent, entre autres, les différences religieuses et encouragent la communication. Voilà la condition préalable à l'élaboration d'une coexistence pacifique dénuée de toute tension. Elle offrira l'occasion aux musulmans, membres à part entière de ces sociétés, de mettre en application l'impératif coranique de « se connaître les uns les autres » (XLIX/13), de participer activement à la vie sociale et de se joindre au tissage de liens de fraternité humaine. Une alternative bien plus exaltante qu'une simple coexistence ou ghettoïsation.

22. Qu'en est-il des mariages interreligieux?

Dans ce type de mariage, deux éléments sont à considérer : le statut du partenaire non musulman et la position de la doctrine classique à l'égard de la femme et de l'homme musulman.

En ce qui concerne le statut du partenaire, la lecture exégétique sur le mariage reprend la typologie qui distingue entre les Gens du Livre, les incroyants et les polythéistes.

Avec les polythéistes, l'union d'un musulman ou d'une musulmane est frappée de prohibition, à moins que ces associationnistes n'adhèrent à la croyance en un Dieu unique et deviennent croyants (II/221). L'interdit énoncé dans le Coran s'applique autant à l'homme qu'à la femme musulmane. Il se justifie en corrélation avec le principe fondamental islamique de l'adoration du Dieu Unique sans nulle association.

Pour ce qui est du lien conjugal impliquant les Gens du Livre, sa licéité dépend de la définition de l'expression. Pour certains exégètes, cette dernière se rapporte aux peuples juifs et chrétiens destinataires du message monothéiste, parmi lesquels figurent un groupe d'incroyants (II/105). Et celui-ci est logé à la même enseigne que les polythéistes. Toute union est frappée du sceau de l'interdit.

Pour d'autres exégètes, il faut faire une autre distinction en ce qui concerne le mariage avec un partenaire considéré comme faisant partie des Gens du Livre. Les règles diffèrent selon que le partenaire musulman est un homme ou une femme. En ce qui concerne l'union d'un musulman avec une femme juive ou chrétienne, la divergence d'opinions pousse certains à favoriser sa validité (V/5) et d'autres à la contester.

Les opposants à ce type d'union s'appuient sur le verset qui autorise les musulmans à épouser des « croyantes de bonne condition » ainsi que les « femmes de bonne condition parmi les Gens du Livre ». Ils dénient aux secondes le qualificatif de « croyantes » et prétendent son application uniquement aux musulmanes. Ils justifient alors l'interprétation, malgré l'absence d'indication précise, en ce sens, d'une exigence de conversion.

En effet, cette condition n'est nulle part posée dans le Coran (V/5). Et en faire une condition préalable à toute union entre un homme musulman et une femme appartenant aux Gens du Livre irait, à notre avis, à l'encontre même du principe de liberté de conscience (II/256 ; III/20 ; V/92 ; XVIII/29 ; XL/48 ; LXXXIII/19 ; CIX). De plus, l'interprétation qui établit une distinction entre les croyantes musulmanes et les croyantes des Gens du Livre ne trouve nulle part fondement. Au contraire, le terme « croyantes » est corrélé à l'expression « Gens du Livre » qui, d'emblée, sont croyants. Autrement, à quoi correspondrait la distinction introduite par la préposition « parmi » ? Dès lors, aucune distinction n'existe entre les « croyantes », qu'elles soient musulmanes ou appartenant à une fraction des Gens du Livre. Par contre, l'union avec ces dernières est soumise à une condition : celle d'être mariées comme les musulmanes. Autrement dit, le verset interprété comme approbatif du mariage met en fait une obligation à la charge du musulman, celle de bonne conduite à l'égard des femmes des Gens du Livre. L'homme se doit de les épouser au moyen d'un contrat et de leur attribuer une dot « *mahr* », tout comme il le ferait pour une femme musulmane. Ainsi, à l'instar de cette dernière, la femme juive ou chrétienne détient un droit sur son époux musulman. Cet aspect n'est pourtant pas discuté dans l'interprétation de certains exégètes.

Pour ce qui est du mariage d'une musulmane avec un homme juif ou chrétien, les exégètes de toute époque font consensus (*ijmaa*). Il est simplement illicite. Leur décision prend appui sur certains versets (II/221 ; LX/10). Or, le premier de ces versets indique, d'une part, l'interdiction d'épouser un polythéiste ou un incroyant parmi les Gens du Livre. Et cette règle est valable autant pour les hommes que pour les femmes. D'autre part, pour le second verset, il y a une obligation de conduite qui pèse sur l'homme musulman envers les musulmanes. L'homme ne devait pas forcer ces dernières à retourner vivre avec leurs époux polythéistes. Et ce devoir a pris naissance dans le contexte particulier de l'immigration du prophète de La Mecque à Médine, et au cours de laquelle certaines femmes musulmanes ont choisi de déserter le foyer conjugal. Le musulman avait l'obligation d'assurer leur protection et de souscrire à l'interdit (II/221) de les laisser poursuivre une relation matrimoniale avec des polythéistes en dehors de leur volonté.

Par conséquent, les versets (II/221 et LX/10) ne visent pas les Gens du Livre, qui ne sont pas considérés comme incroyants. Sur quoi se fonde alors le consensus d'illicéité du mariage entre une musulmane et un homme des Gens du Livre ? Comment comprendre que pour un même groupe religieux, les Gens du Livre, le mariage est licite avec les femmes qui en font partie, mais invalide avec les hommes ?

Face au silence du texte coranique, la question exige une réflexion impérieuse pour les penseurs musulmans. Une reconsidération de l'interdit pour la femme d'épouser un juif ou un chrétien est d'autant plus urgente que l'installation des musulmans dans les sociétés pluralistes conduira inéluctablement à un métissage et à des unions interreligieuses.

23. Quel est le rapport du musulman avec la nature ?

La tradition islamique ne limite pas l'environnement à des conditions sociales et à des ressources matérielles visant la satisfaction des besoins de l'être humain. Elle le met en correspondance avec une infinité d'espaces dans lesquels il vit. L'être humain évolue ainsi dans un milieu caractérisé par trois dimensions : l'appartenance de celui-ci à la nature, l'organisation de sa vie en fonction de cette dernière et en application de ses valeurs.

Par conséquent, le rapport à la nature se conçoit à partir de la corrélation entre la gestion et l'exploitation de l'environnement naturel à l'alliance contractée avec Dieu. Celle-ci renferme une double acceptation, celle de l'origine divine de la création (V/18) et celle de la délégation de celle-ci (vicariat ou *khalafa* II/30 ; VI/165) à la femme et à l'homme. Autrement dit, la reconnaissance de la propriété divine de l'univers s'accompagne d'une « permission originelle » de jouissance de celui-ci (II/84), mais avec pour consigne le rappel du propriétaire.

La permission originelle signifie alors que l'être humain dispose du droit d'utiliser les biens de l'univers mis à son service (XXXI/20), mais selon des principes religieux de justice, de paix, d'intégrité et de résistance à l'oppression. La finalité est orientée vers l'équilibre social et non vers la croissance personnelle. Les dimensions spirituelle et temporelle du mode de vie humain s'organisent alors autour d'une seule préoccupation, sa responsabilité envers la création, et à partir d'un comportement individuel, social et environnemental pacifique.

Cependant, ce droit de jouissance n'est pas absolu. Il comporte des limites, celles de prendre soin de la nature, d'éviter de la corrompre (XXX/42-46) par une désorganisation de son fonctionnement initial, le gaspillage de ses ressources ou sa pollution. Certes, l'être humain dispose de la possibilité de transformer les réserves naturelles, mais dans la modération et selon ses besoins biologiques. Leur régénérescence demeure la finalité.

L'acceptation d'un créateur et d'une délégation place l'être humain dans la position d'un simple usufruitier. Il n'est ni propriétaire de la nature ni son conquérant, et encore moins son destructeur. La responsabilité qui lui sera imputée est strictement personnelle (II/286 et XVII/15). Les ressources naturelles (air, eau, terre, énergies, mines, végétaux et animaux) mises à la disposition de l'humain lui assurent une source de subsistance. Elles sont considérées comme des bienfaits de Dieu. Dès lors, leur gestion est guidée par deux principes mentionnés dans le Coran : la mesure dans leur répartition et la conjuration de leur gaspillage. Tout croyant se doit alors d'agir rationnellement dans leur répartition sociale afin de réaliser une réelle justice sociale.

Parmi ces ressources, et indépendamment du fait que l'islam soit né dans une région qui en soit dépourvue, l'eau occupe une place primordiale. À l'origine de la vie (XXI/30) et de son maintien (XLVII/12), elle sert également à la purification (ablutions pour la prière quotidienne). Cela explique qu'elle relève d'un droit commun à toutes les espèces vivantes, à l'instar du feu et des pâturages. Mais sa répartition suit les règles de priorité : à l'être humain et à l'animal s'attachent le droit d'étancher leur soif, et à la terre celui d'être irriguée. Dès lors, toute privatisation de l'eau et sa commercialisation relèvent de l'inconcevable. Par contre, sa gratuité atteste d'un acte de bienfaisance (LVII/7). C'est pourquoi, dans de nombreux pays à majorité musulmane, l'eau relève du domaine public.

Toutefois, la rareté de l'eau contraint certains de ces pays à adopter des projets de dessalement de l'eau de mer pour la consommation ou d'épuration des eaux usées pour l'irrigation. Cela les conduit à changer de politique et à envisager des prélèvements de frais d'approvisionnement au service de l'eau (traitement d'épuration, stockage ou transport). Même si les efforts consentis par ces pays sont sporadiques et insuffisants, ils s'accompagnent de controverses quant à la purification de ce type d'eau eu égard à la consommation et aux ablutions.

Indépendamment de tout cela, la dissociation entre la propriété de l'univers par Dieu et sa gestion tout humaine incite à une éthique de responsabilité. Cette dernière récuse toute nuisance envers la nature, tout abus des sources de richesse. Elle encourage la convergence d'intérêts pour le bien-être commun dans un esprit de répartition juste et équitable. Cette pratique fait malheureusement défaut dans certaines sociétés dites musulmanes, de plus en plus gagnées par la logique de l'individualisme moderne.

24. Comment peut-on articuler islam, laïcité et démocratie ?

Très souvent, ces notions sont mises en opposition. Pour envisager une quelconque articulation, il est nécessaire de comprendre la perspective islamique du rapport à Dieu en lien avec le rapport au monde et aux autres humains.

Pour un musulman, tout comme pour un chrétien ou un juif, Dieu est à l'origine de la création. Il est le propriétaire de la terre, des cieux et des créatures humaines, animales ou végétales. Face à cette réalité, l'être humain occupe la place de gérant ou d'usufruitier. En cette qualité, il dispose toutefois d'une liberté d'action qui comprend la liberté de jouissance des biens terrestres octroyés par la permission originelle de jouissance. Toutefois, la liberté du gérant n'est ni absolue ni dénégatrice du droit de propriété de Dieu. Elle s'accompagne simplement d'une responsabilité, celle de rendre acte de toute gestion exercée. En somme, le rapport à Dieu est d'abord un rapport de reconnaissance des droits de Dieu sur la création. C'est là la signification première du terme « musulman ».

Le rapport à Dieu comporte également l'acceptation d'une éthique de responsabilité qui suppose l'admission de son omniprésence dans la vie quotidienne. Autrement dit, cette transcendance donne sens à l'existence de l'être humain et oriente sa vie. Une fois cette clarification faite, on peut établir un parallèle avec la démocratie et avec la laïcité.

Contrairement à l'islam qui attribue la notion de propriété à une transcendance, le concept de démocratie place la propriété entre les mains de l'être humain. Dès lors, la divergence entre l'islam et la démocratie se situe au niveau de la qualité du propriétaire. Elle est une divergence de fond et non de forme, et elle se situe dans le rapport à Dieu. En dehors de la philosophie qui fonde la démocratie, le principe même de la délibération existe en islam pour contrer toute velléité de théocratie.

Il est déplorable de constater que dans certaines sociétés musulmanes ce principe soit ignoré, incompris ou simplement oublié, alors que l'islam encourage la délibération, la liberté de choix de chaque être humain et l'alternance du pouvoir politique. Par conséquent, pour tout musulman, ni les règles de fonctionnement (élections, délibérations) ni les acquis en matière de droits humains de la démocratie ne sont à négliger ou à rejeter.

En ce qui concerne la notion de laïcité, il faudra là aussi procéder à une clarification.

On a souvent tendance à oublier, lorsque ce n'est pas de la simple ignorance, que la laïcité est d'abord un outil de pacification et de coexistence paisible dans un contexte de pluralisme religieux. Il ne s'agit pas du refus ou du rejet du religieux. C'est à la fois la fin du monopole d'une seule religion et l'affirmation d'une autonomie et d'une neutralité institutionnelles à l'égard de toute religion. Autrement dit, la laïcité se veut inclusive lorsqu'une religion prône l'exclusion. La laïcité ouvre la perception de la religion en donnant la liberté de croire ou de ne pas croire.

Or, cette liberté de conscience existe en islam, qui affirme en effet « qu'il n'y a pas de contrainte en religion » (II/256), même si cela n'est pas forcément appliqué, comme on le constate malheureusement dans certaines sociétés musulmanes.

Par ailleurs et à notre avis, la laïcité constitue un réel instrument de démocratie, puisqu'elle assure une liberté de religion, une garantie de son expression par l'État et une séparation institutionnelle de l'État et de l'Église. Elle met en application le principe d'égalité par une reconnaissance de tous les citoyens et de leurs diversités culturelles, religieuses ou ethniques. Et sous l'angle de la liberté de conscience et du droit à l'égalité, la laïcité et l'islam ne présentent aucune incompatibilité.

Cependant, la divergence apparaît lorsque les principes fondateurs de la laïcité (liberté de religion et neutralité de l'État) sont remis en question, comme il est constaté de nos jours. En effet, que se passe-t-il dans les sociétés dites laïques de fait ou de droit ? On observe une mobilisation politique, médiatique et populaire pour une uniformisation de la société selon le modèle imposé par la majorité. Sur ce point, l'incompatibilité entre l'islam vécu dans ce type de société et la laïcité découle du détournement de celle-ci et de l'exigence, éhontée, d'un traitement inégal des citoyens en raison de leurs particularités religieuses.

On assiste alors à la transformation d'une laïcité de pacification à une laïcité conflictuelle.

25. Comment concilier foi musulmane et participation à la vie citoyenne ?

La question est posée à partir d'une évidence inscrite dans l'inconscient collectif, celle de l'incompatibilité entre la foi et la citoyenneté active. Comme si le retrait social et symbolique de la religion et son confinement dans une division spatiale concourent à la création d'un individu tiraillé par un dilemme : être citoyen ou être religieux. Et entre les deux, il n'y aurait pas de conciliation.

Et dans une société laïque, de droit ou de fait, l'invisibilité du religieux est une règle confortée par l'institution scolaire. L'école se présente alors comme un lieu de transmission de cette vision, parce qu'elle s'applique à préparer des citoyens uniformes. Devant un tel programme, tout élève croyant s'interroge sur la préséance du religieux ou du citoyen. Quel que soit l'angle de prise de la question, le tiraillement posé ou vécu présume déjà d'une impossible conciliation. Pourtant, la multiplicité des facettes identitaires, comme un « courant de flots multiples », agit plus en complémentarité qu'en autonomie. Être religieux n'est nullement exclusif. C'est vivre une expérience de piété qui ne commande ni le repli sur soi ni le rejet des autres.

À notre avis, et même si elle est personnelle, la foi confère une vision qui instaure une relation avec et dans la collectivité. Elle constitue une occasion de témoigner de son obligation de faire ce qui est convenable et d'interdire le blâmable (XXII/41). Elle se fonde alors, dans le cas de l'islam comme pour les autres religions, sur des valeurs d'égalité, de solidarité et de responsabilité.

Dès lors, le cheminement spirituel se vit dans l'action qui donne sens. Il procure un cadre éthique de responsabilité qui accompagne la démarche citoyenne. Celle-ci se manifeste par une implication sociale et un engagement politique. En effet, comment porter sa foi si ce n'est pour faire du bien, dénoncer l'injustice et résister à la montée d'une déshumanisation de l'autre ? Ce qui nécessite pour le musulman, à l'instar de tout autre croyant, le respect de la loi civile du pays dans lequel il vit, c'est-à-dire comprendre, accueillir, adopter et appliquer toute référence normative en accord avec les siennes. Ce respect fait écho à l'absence de contrainte législative qui contrevient à l'expression de la foi. Or, la liberté de religion est protégée par le principe de séparation de l'État et de l'Église, garant d'une neutralité dans le traitement de toutes les religions.

L'observation de la croyance en un mode de vie et de pensée responsable favorise la participation citoyenne. Elle sert de posture à travers laquelle s'établit un dialogue ouvert avec les mutations sociales environnantes. Le respect des lois civiles n'implique nullement une renonciation aux convictions religieuses, ni une assimilation ou encore un déni de ses racines. Au contraire, il est une opportunité d'adaptation de ces dernières dans un environnement mobile qui promeut, tout comme la normativité musulmane, les idéaux de la citoyenneté (égalité, solidarité et liberté). Un croyant citoyen ou un citoyen croyant contribue ainsi à les réaliser.

Par son ouverture, le concept moderne de citoyenneté demeure inclusif, sans distinction de race, de religion, de sexe ou d'appartenance ethnique familiale, même si les événements de la Seconde Guerre mondiale et les bouleversements sociopolitiques qui l'ont suivie jusqu'à nos jours démontrent son effritement.

Par conséquent, quel geste devra poser le citoyen qui est également religieux? Voilà le défi que devront relever les musulmans dans leur société respective d'élection. Et le relever exige de passer par la redécouverte du message spirituel de l'islam, celui d'un humanisme dont chaque croyant porte le témoignage. Un humanisme qui se résume à des règles morales de justice, d'égalité, de solidarité humaine, de rencontre, de dialogue et de respect de l'Autre. Autrement dit, ce défi incite à une participation à l'édification du bien commun et du vivre ensemble. Il exige alors le retour à la rigueur, à la réflexion et au discernement. Cela est loin d'être une uniformisation de la pensée ou de la tenue vestimentaire, un repli stérile ou, encore moins, une imitation aveugle de l'Occident.

Cette prise de conscience ou cette autocritique amènera de nombreux musulmans à participer à la construction d'une citoyenneté commune autour de valeurs convergentes dans une société plurielle. Car la diversité des cultures et des religions fait partie du dessein divin.

Coup de cœur

Le mihrab
de la Mosquée de Cordoue,
Espagne

A priori, l'islam ne comporte pas de symbolique. La communication avec le divin est directe, sans intermédiaire des êtres ni des objets. Elle se fait par des mots, car le Coran est essentiellement un verbe. Et sa transcription dans l'écriture arabe, qui part de l'extérieur vers l'intérieur, devient un vecteur de diffusion de cette parole sacrée. La calligraphie se transforme alors en ornement et se fonde avec les formes géométriques sur lesquelles elle se découpe. Le *mihrab* (niche) de la Mosquée de Cordoue, édifiée au VIIe siècle, nous donne un aperçu de la dimension abstraite du Credo musulman de l'unicité (*tawhid*).

Ainsi, dans un style coufique aux contours anguleux, l'écriture arabe habille le *mihrab* d'exhortations à la gloire de Dieu et à l'obligation à la prière. Elle se joint aux arabesques géométriques et végétales, dans un agencement aux formes et aux lignes imbriquées qui se juxtaposent dans des entrelacs complexes. Cette diversité renferme pourtant une harmonie. Le tracé respecte une règle, celle de l'unité du rythme en reflet de l'unité divine. Sans image ni représentation, et à l'opposé d'autres tracés, les arabesques symbolisent, en dehors de toute esthétique, l'Absolu de la transcendance et l'hommage à l'écriture coranique.

Par ailleurs, le *mihrab* de la Mosquée renferme une autre signification religieuse. Il est un repère visuel et auditif. D'une part, il marque physiquement la direction de la *Ka'aba*, qui devient le centre autour duquel s'étend, en demi-cercles concentriques, la salle de recueillement. D'autre part, par un effet acoustique, il sert d'amplificateur à la voix de l'imam adressée à l'assemblée des croyants. Mais ce *mihrab* présente surtout la particularité d'avoir été le premier à être construit en forme de niche. Habituellement, ils sont plats. Cette innovation marquera la conception architecturale des futures mosquées. Désormais, et au même titre que le minaret, la chaire (*minbar*), la cour et la salle de prière, il devient dans cette forme un élément constitutif de cette enceinte de prière.

Toutefois, l'attrait de ce premier type de *mihrab* réside dans sa forme en porte en creux surplombé par une coupole composée de multiples mosaïques. Cette construction en niche représente, pour certains, la présence du prophète dirigeant la prière dans sa mosquée à Médine et transmettant le message coranique. Une explication aisément réfutable, car elle contredit le sens même de la prosternation dans la prière. Elle est une adresse à Dieu et non à son prophète. Pour d'autres, elle est une ouverture vers l'indicible et permet de joindre, dans la quiétude de l'acceptation du divin, Celui qui est « Lumière sur Lumière » (XX/35). Un état qui, pour le croyant, est uniquement accessible par la prière. En définitive, le sens religieux du *mihrab* démontre surtout la vision théocentrique de l'architecture islamique.

Traduction du Coran
utilisée dans l'ouvrage

MASSON, Denise, *Essai d'interprétation du Coran inimitable*, Paris, Éd. Gallimard, 1967, 892 pages.

Pour aller plus loin

AL-GHAZALI, Mohamed, *L'éthique du musulman*, Al-Qalam, 2003, 320 pages.

ARKOUN, Mohamed, « Comment lire le Coran ? », dans KASIMISKI, *Le Coran traduit de l'arabe*, Paris, GF Flammarion, 1970, p. 11-36.

BABÈS, Leila, et Tareq OUBROU, *Loi d'Allah, loi des hommes. Liberté, égalité et femmes en islam*, Paris, Albin Michel, 2002, 364 pages.

CESARI, Jocelyne, *Faut-il avoir peur de l'islam ?*, Paris, Presses de Sciences Po, 1997, 133 pages.

GRAMI, Amel, *La liberté religieuse en Islam ?*, Maroc, Le Fennec, 1997, 200 pages.

MERNISSI, Fatima, *Le harem politique : le prophète et les femmes*, Paris, Albin Michel, 1987, 293 pages.

RAMADAN, Tariq, *Un chemin, une vision*, Paris, Éd. Tawhid, 2008, 311 pages.

TALBI, Mohamed, *Plaidoyer pour un islam moderne*, Paris, Cérès Éditions, 1998, 195 pages.

WADUD, Amina, *Quraan and Woman : Rereading the Sacred Text from a Woman's Perspective*, Oxford, Oxford University Press, 1999, 140 pages.

Table des matières

II. La personne humaine en islam

III. Les rapports entre le musulman et les autres cultures et religions